集 刊 名：太平天国及晚清社会研究
主办单位：中国太平天国史研究会

Study on Taiping Rebellion and Late Qing Dynasty

Study on Taiping Rebellion and Late Qing Dynasty

太平天国及晚清社会研究

朱庆葆 主编

总第11辑

上海社会科学院出版社
SHANGHAI ACADEMY OF SOCIAL SCIENCES PRESS

太平天国及晚清社会研究

Study on Taiping Rebellion and Late Qing Dynasty　　总第 11 辑

目　录

社会研究

法国对上海小刀会从“中立”到镇压研究

华　强[*]

摘　要：小刀会起义后，英、美、法列强采取观望政策，宣布“中立”。小刀会占领县城后，与英、美、法产生摩擦，其中与法国的摩擦不断升级。法国打破标榜的“中立”政策，要求小刀会从上海县城撤退。清政府向法国求援，法国决定协助清政府向小刀会发难。法国海军限令起义军拆除炮台，遭到小刀会拒绝。刘丽川向英、美两国交涉请求调解无果，法国发出开战书，开始对上海县城实行封锁，双方发生“北门之战”。严密的封锁让小刀会得不到外界的任何支援，在清廷和法军的联合进攻下，小刀会被迫撤退，起义归于失败。

关键词：小刀会；上海；法国；刘丽川；列强

1853年3月19日，太平军占领南京，改南京为天京。2天以后即21日，英国公使文翰访问天京，可见列强对太平天国的关注。9月7日，刘丽川率小刀会在上海起义，这时上海开埠已经10年。清政府当时十分担心叛逆与列强勾结，咸丰发布上谕：“上海为海日通商重地，必须设法控制各夷，不令与逆匪勾结，方可将城中唐聚匪徒四面兜围，断其接应。”①

* 华强，国防大学教授。

① 贾桢等：《筹办夷务始末》（咸丰朝）第7卷，上海古籍出版社，2007年，第234页。

一、英美法对小刀会宣布“中立”

小刀会起义后，刘丽川宣布遥奉南京太平王为领袖，提出“愿和欧洲人缔结友谊”[①] 并“与各国订明照常贸易通商”。[②] 列强当时都知道南京太平王与他们共同信奉天主“皇上帝”，对太平王和小刀会决定采取观望政策，因此宣布“中立”。

1853年10月18日（咸丰三年九月十六日），阿利国（英国驻上海领事）答复吴健彰照会，表示“在清政府与中国人民刻下所进行之斗争中，所有英国当局均保持严格中立，而今后女王陛下政府将诚意保持是项政策。”[③] 11月17日，阿利国对在沪英国侨民发出通告：“本租界必须不受侵略，也就是必须防止两方面的任何武装部队冲入租界，我们很幸运，现在拥有一支强大的舰队，它足能执行租界自卫的措施。中国政府已经正式宣称，它没有能力保护租界的安全，这就明显地使我们取得了自卫的权利。”[④]

英美法三国均表示“中立”，但“英美法三强的‘中立’政策是有所不同的。在小刀会占领上海期间，英国因其注意力集中在修约问题上，基本上执行了中立政策。美国对小刀会虽有敌意，但公使根据美国政府指令，与英国一样专意于修约问题。美国中立政策虽然向清政府倾斜，但始终未对小刀会诉诸武力，所以可以认为美国也基本上执行了中立政策”。[⑤] 事实上，英美法三国不仅表示“中立”，甚至对小刀会表示一定的同情。

在列强标榜“中立”期间，外国商人把大批军火运送入城，牟取暴利。

① 《江南传教史》，上海社会科学院历史所：《上海小刀会起义史料汇编》，上海人民出版社，1980年，第881页。

② 《档案与历史》1987年第3期。

③ 《北华捷报》第169期，上海社会科学院历史所：《上海小刀会起义史料汇编》，上海人民出版社，1980年，第326页。

④ 《北华捷报》第173期，上海社会科学院历史所：《上海小刀会起义史料汇编》，上海人民出版社，1980年，第349—350页。

⑤ 《东南民众运动与上海小刀会起义》，香港天马出版有限公司，2004年，第192页。

怡良奏，清军“拿获夷奸为贼代购洋枪五十八杆及火药、钢籽等物”。[1] 英国人斯嘉兹《在华十二年》记起义军中的“华洋雇员，供应大量粮秣，还大力供应大部分的武器弹药。”[2] 外国商人从租界为起义军提供了所需军火、粮食等物资，“火药火器米粮以及应用各物，皆从此进”。[3] 领事馆惊呼：“无论从哪方面去看，我们租界已经变成三合会党徒的供应站了。”[4]

小刀会占领县城后，与英美法难免产生摩擦，其中与法国的摩擦最多并不断升级。最早的一次摩擦发生在 1853 年 12 月 21 日，两个中国传教士李秀岩和郭振民到总教堂去，在上海县城小东门被岗卫逮捕。小刀会怀疑他们是清军的密探，对二人进行严刑拷问，最后宣布判处挖心。法国领事馆获悉后，立即与小刀会交涉，态度十分强硬，不仅要求立即无条件释放二人，还要求当事人赔礼道歉。小刀会不希望事态扩大，两个当事人被迫磕了 9 个头算完事。

二、“禁止持械穿越租界”布告事件

前事刚了结，接着发生关于“禁止持械穿越租界”布告的事件。

据涤浮道人记载，太平天国曾经给小刀会一信：“三月间曾据钦差大臣罗大纲弟来禀：知弟等请攻苏常，弟等在上海愿为内应，本军师不胜欣慰，何以迁延至今？如果率众来归，必当奏请封加显爵，何去何从？希自谅之。”[5] 英美法获悉此信后，认为小刀会可能会从上海县城撤退到天京。法国率先提出，劝说小刀会立即从上海撤离，英、美两国均表示支持。

法国率先打破了一直标榜的“中立”政策，要求小刀会从上海县城撤

---

① 《两江总督怡良等奏吴健彰密雇美国人制造火器及雇英法炮手片》（咸丰四年三月二十二日），军机处录副奏折。

② 上海社会科学院历史所：《上海小刀会起义史料汇编》，上海人民出版社，1980 年，第 546 页。

③ 贾桢等：《筹办夷务始末》（咸丰朝）第 7 卷，上海古籍出版社，2007 年，第 2 页。

④ 《北华捷报》第 241 期，上海社会科学院历史所：《上海小刀会起义史料汇编》，上海人民出版社，1980 年，第 498 页。

⑤ 中国近代史资料丛刊《太平天国》第 4 册，上海人民出版社，2000 年，第 625—626 页。

退。法国驻上海代理领事爱棠说：“我们有权利和权力对清政府的敌人说：你们妨碍了我们，你们断送了我们的商业，你们每天使我们的侨民有生命危险。九个月来，我们耐心地观察着你们的造反，在我们看来，它并没有任何政治性质足以使我们对它尊重或者爱惜，你们走开吧。”[①] 法国率先提出劝说小刀会撤离上海，其真正的原因是1853年克里米亚战争爆发，法国政府投入战场的兵力不足，计划动用上海的兵力，所以希望小刀会尽快从上海县城撤退。

英美法三国经过磋商，达成劝降小刀会的协议，决定每一个国家派一个司令到上海县城向刘丽川劝降。在具体操作上，英美主张让小刀会在三强的保护下安全离开上海，撤退到南京。法国对小刀会的态度十分强硬，表示小刀会如果拒绝投降，则采用武力驱逐出上海县城。

1854年6月27日、7月5日和7日，三国代表三次进城劝降，但均遭起义军严词拒绝。出乎小刀会意外的是7月7日那次会见，三国司令交给小刀会的不是要求退出县城的限令，而是英美法三国再次重申关于“中立”的声明。三国代表退而求其次，要求起义军发布一个“禁止持械穿越租界”的布告，刘丽川表示同意。

小刀会按照英美法三国的要求发布一份布告：禁止持械穿越英国租界。布告没有提及美国和法国，小刀会没有加以说明，令人十分奇怪。布告发布后，法国领事率先表示强烈不满。法国领事爱棠和法舰“高尔拜”号司令鲍德安研究布告文稿，“他们发现稿内对我们的疆界只字不提，好像在上海根本没有法国产业、法国领事馆，以及保护产业和领事馆的法军警卫岗位。叛军首领只禁止其属下持械到洋泾浜北边”，“法租界所在的洋泾浜南边完全撇开了”。[②]

爱棠和鲍德安认为，如果同意叛军的布告，就等于承认布告所暗示的对

① [法] 梅朋、弗莱台：《上海法租界史》，上海社会科学院历史所：《上海小刀会起义史料汇编》，上海人民出版社，1980年，第129页。

② [法] 梅朋、弗莱台：《上海法租界史》，上海社会科学院历史所：《上海小刀会起义史料汇编》，上海人民出版社，1980年，第826页。

法国的侮辱，布告对法国“是损害也是耻辱”。[①] 法国领事馆坚决要求把法租界划归到整个禁区，禁止中国人持械进入法租界。爱棠责问小刀会：布告为什么不提法租界？强烈要求小刀会立即修改布告。爱棠与小刀会交涉后，不知道什么原因，小刀会迟迟没有答复，法国没有达到修改布告的目的。法国领事因为与小刀会摩擦不断，准备诉诸武力。

就在这时，法国海军上将辣厄尔乘“贞德”号军舰于 8 月 21 日抵达上海。辣厄尔是虔诚的天主教徒，他认为小刀会是异端，因而对小刀会十分仇视。他称小刀会起义军是“叛党”，“容许叛党存在便是人类文明的耻辱。”[②] 12 月 9 日，辣厄尔通知小刀会：叛党禁止武装进入法租界。

三、清政府求援法国

促使法国彻底抛弃“中立”立场并与小刀会兵戎相见的另一个因素是清政府的求援。署江苏按察使吉尔杭阿直截了当地要求法国派兵力帮他征服叛乱军。吉尔杭阿为什么向法国求援而不向英美求援呢？

小刀会起义后宣布保护商业和贸易，英美在上海的商业活动和贸易活动没有受到大的影响，因而对小刀会没有反感甚至表示同情。法国是天主教国家，专意于天主教的传播，在上海的商业利益远不如英美。法国当时在上海县城设教堂 5 所，有传教士 4 人。法国政府认为小刀会信奉的天主教是异端，表示不能容忍，“天主教教士对于太平天国的伪基督教所采取的新教的形式有一种特殊的反感，而上海的三合会却又自称是和太平天国有联系的”。[③] 吉尔杭阿与法国领事交涉后，法国方面只提了“请为清理松江府天主堂旧基，并求陕西释放传教人方姓，此外别无所求，”[④] 吉尔杭阿一口答

① ［法］梅朋、弗莱台：《上海法租界史》，上海社会科学院历史所：《上海小刀会起义史料汇编》，上海人民出版社，1980 年，第 826—827 页。

② 《北华捷报》第 284 期，上海社会科学院历史所：《上海小刀会起义史料汇编》，上海人民出版社，1980 年，第 490 页。

③ ［美］马士：《中华帝国对外关系史》第一卷，上海书店出版社，2006 年，第 517 页。

④ 江苏巡抚吉尔杭阿奏筑墙围困上海及各国动静折（咸丰四年十月十九日），军机处录副奏折。

应，清政府与法国结成了联盟。

法国驻上海领事馆、法国海军以及法国传教士为什么干涉小刀会，当时就有各种各样的猜测。英国人约翰·斯嘉兹《在华十二年》分析："由于种种原因，或是由于法国租界接近叛党所在的县城，或是由于为了保护中国天主教的权利而引起的细微波折，或是由于法国兵舰停泊在上海所遭受的数达十万元损失的意外事件，或是由于混乱的局面等等，——这位法国海军司令（指辣厄尔）早已打定主意要向叛党借端寻衅。后来，叛党为了每次出击，在撤退时需要炮火的掩护，就在城外建造炮台和胸墙，海军司令就公然出来反对。"①

呤唎②分析法国放弃"中立"并干涉小刀会的原因说："他们为了迁就中国人的旧风俗习惯，就中国人保留许多拜偶像的仪式，同时在教堂中设立了许多罗马天主教的圣像。可是太平军在扫除偶像方面是十分严厉的，他们在内地曾经屡次与罗马天主教所设立的各种机构发生冲突，他们经常把怀抱婴儿的童贞女玛丽亚的圣像误认为佛像，把耶稣会的天主教误为佛教。这样一来，耶稣会就成了太平军的死敌，他们知道太平军一旦获得成功，就要彻底消灭他们的事业，把他们在中国已占有的许多阵地加以摧毁。所以，耶稣会教徒得悉三合会不但宣布要投诚天王，并且事实上已派去了代表，接受了天王派来的教士，就开始了破坏三合会的阴谋活动。法国领事和法国的高级军官，全都是受教士所支配的，他们为了自己的利害打算就援助清军，蛮不讲理地把三合会从上海县城驱逐出去。"③

四、法国向小刀会发难

在清政府的一再请求下，法国决定撕开"中立"面纱，协助清政府向小刀会发难。9月8日，法国找到了发动战争的借口。辣厄尔称起义军在洋

① ［英］约翰·斯嘉兹：《在华十二年》，上海社会科学院历史所：《上海小刀会起义史料汇编》，上海人民出版社，1980年，第554页。

② 英国海军军官，1861年加入太平军，为忠王李秀成训练军队。

③ ［英］呤唎：《太平天国革命亲历记》，上海人民出版社，1997年，第133—134页。

泾浜南岸建筑的炮台威胁到法国侨民的安全，限令起义军拆除，遭到小刀会拒绝。9月下旬，法国公使布尔布隆与麦莲、包令等来到上海。布尔布隆在上海两个多月期间，“对事态的发展起了很大的作用”。①

法国领事馆距上海县城约400步之遥，小刀会在法国领事馆与陈家木桥之间建筑了一座炮堤，且在打狗桥下挖掘地道直通夷馆，目的是出城作战时能够获得炮火支持。12月初，法国照会小刀会，提出小刀会建筑的炮堤是法国人租用的土地，炮堤影响了法国领事馆的安全。照会称“交战者不得武装通过任何租界边境，尤其不得建立军事据点或炮台等，以免使外侨及其财产在袭击之时受到任何一方炮火或子弹的损害”。照会要求起义军“将其正在建筑于洋泾浜南岸之炮台拆除，并停止他们从北门及东门进行的出击”。②12月6日，法国海军司令辣厄尔写信给法国驻沪领事爱棠，请他通知小刀会首领，他已下令要拆毁正在建筑的工事并决心以武力获得这个结果。小刀会与法国领事馆的矛盾不断升级。

12月9日，英国人斯嘉兹为了调和矛盾，诱劝小刀会头领陈阿林拆除工事。陈阿林表示“不怕法国人，如果法军来，就等他们来并跟他们一拼”。③ 陈阿林表示“不愿意单独向法军投诚，也不愿意向清军投诚”，“与其向清朝官吏投诚，不如作战到底。”④ 斯嘉兹不死心，再去见刘丽川，意图说服他们把县城交给三个条约国。刘丽川回复：“外国人最好不要干涉，否则也要吃苦头。”⑤

同日，辣厄尔悍然派出法国水手40余人携带中国雇工200余人前往南门强行拆毁洋泾浜陈家木桥以南炮台。当拆除工作顺利进行的时候，小刀会

① ［法］梅朋、傅立德：《上海法租界史》，上海社会科学院历史所：《上海小刀会起义史料汇编》，上海人民出版社，1980年，第140页。

② 《北华捷报》第229期，上海社会科学院历史所：《上海小刀会起义史料汇编》，上海人民出版社，1980年，第457—458页。

③ ［英］约翰·斯嘉兹：《在华十二年》，上海社会科学院历史所：《上海小刀会起义史料汇编》，上海人民出版社，1980年，第557页。

④ ［英］约翰·斯嘉兹：《在华十二年》，上海社会科学院历史所：《上海小刀会起义史料汇编》，上海人民出版社，1980年，第561页。

⑤ ［英］约翰·斯嘉兹：《在华十二年》，上海社会科学院历史所：《上海小刀会起义史料汇编》，上海人民出版社，1980年，第558页。

从城墙上对天放枪以示警告，辣厄尔下令停靠在上海城附近的法舰“高尔拜”号发炮40余发，清军也传令开炮轰击县城，战斗打响。

11日，辣厄尔下令法国另一艘军舰“寅德力”号停泊在“高尔拜”号旁边，同时劝告小刀会投降，遭到小刀会拒绝。辣厄尔下令将小刀会排布在东门外黄浦江边的25尊大炮以及排炮阵地全部捣毁。爱棠在致起义军首领刘丽川的信中提出：“尔等宜逃走出门，远离上海县城，不然使城中玉石俱焚其无悔。”[①] 13日，法舰“高尔拜”号和“贞德”号陆战队150人至小东门炮台，杀害小刀会守城军15人。

战争爆发后，刘丽川向英美两国领事交涉，请求调解小刀会起义军与法军的冲突，英美则劝他们向法国军队投降。14日，辣厄尔向小刀会正式发出开战书，开始加紧对上海县城封锁，宣告无论何人只要走近县城城墙就立即射击。此时恰有一老妇人走近城墙，试图将一篮食物送到城里，结果中枪倒下。25日，清军轰城，法军应约在县城东北负责堵截。小刀会千人冲至县城缺口，与敌短兵相接。刘丽川胞弟刘阿安在战斗中潜行出城，拟联络援军，被清军发现杀害，刘丽川谋求外援落空。

五、北门之战

法军准备再次发动对上海县城的进攻，辣厄尔手下的法国军队仅有600人，其中半数必须护卫两艘军舰。英国牧师雒魏林与伟烈亚力奉命入城劝降。小刀会向他们表示，他们决心打到底。尽管法军会给他们造成重大的损害，打死他们的弟兄，但是放弃县城对他们来说就意味着全部灭亡，因此他们决不投降。[②] 辣厄尔命令“高尔拜”号向县城开炮，但是“叛党并无投诚的表示，隆隆的炮火继续像密集的雨点一样地射向这惨遭浩劫的县城。”[③]

① 《上海小刀会首领与法领事府阎来往函件辑录》，《档案与历史》，1987年第3期。

② 《在华医药传道记事》，上海社会科学院历史所：《上海小刀会起义史料汇编》，上海人民出版社，1980年，第641—642页。

③ ［英］约翰·斯嘉兹：《在华十二年》，上海社会科学院历史所：《上海小刀会起义史料汇编》，上海人民出版社，1980年，第555页。

“英、美两国领事在答复以上起义军首领信件时，就以法军迟早要使起义军束手待毙相威胁，劝告起义军不要再有抵抗法军的企图。”① 布尔布隆说：“法国人是一个慷慨而强大的民族，摆在你们面前的最好的一条，就是趁现在这个时候向法国将军提出投降；如果你们退出县城愿望是真诚的，我们并不拒绝进行斡旋。”②

1855 年 1 月 5 日，陈阿林致信法军，称起义军占领上海县城，是为了要把它交给太平王，但是如果法国海军司令一定要攻城，起义军“为自卫计，亦必尽力抵御，直到最后一人”。③ 深夜，法舰“贞德”号、“高尔拜”号炮轰上海县城，将城墙轰出一个缺口，小刀会开炮还击，打死法军杜伦上尉、贝蒂少尉和 3 名士兵。

从某种程度上说，法国是为保卫天主教、纯洁天主教而战，而不单纯是为了助清政府一臂之力。两队携带来福枪、毛瑟枪以及过山炮、半臼炮、榴弹炮的法军率先冲入城内，1 500 名清军跟随入城。严阵以待的小刀会将所有街道建起栅栏，将所有房屋内部打通，在空地上布满藏有铁钉的绊络，在若干地方挖坑贮粪，在一家典当铺的大堆栈里架设重炮对准城墙，严阵以待。潘起亮率 200 余人冲杀到城垣，以县城房屋作为堡垒，与敌军展开巷战。双方交火，互有伤亡。小刀会愈战愈勇，法军不支，中午时分从县城撤退回法租界。此战史称“北门之战”。

小刀会在北门之战中击毙法军 13 人、击伤 30 余人、打死清军 400 余人，打伤近千人。英国人斯嘉兹说：“这次法军和官兵联合进攻，叛党表现了出乎意料的勇敢。”④ “当时约有 60 名或 80 名（一作 40 余名或 6 名）从外船上逃出的欧洲人、美洲人和亚洲人到城内接受了起义军的招募。他们事

① 郭豫明：《小刀会起义史》，中国大百科全书出版社上海分社，1993 年，第 318 页。

② ［法］梅朋、傅立德：《上海法租界史》，上海社会科学院历史所：《上海小刀会起义史料汇编》，上海人民出版社，1980 年，第 162 页。

③ 《北华捷报》第 233 期，上海社会科学院历史所：《上海小刀会起义史料汇编》，上海人民出版社，1980 年，第 481 页。

④ 约翰·斯嘉兹：《在华十二年》，上海社会科学院历史所：《上海小刀会起义史料汇编》，上海人民出版社，1980 年，第 564 页。

先周密地布置抵抗，并参加了这次战斗。”[①]《北华捷报》证实说：“有人亲眼看见这许多人曾专门对准法国人而采取敌对行动。”[②] 以此可见，当时参加守城的除了小刀会，还有数十名欧洲人、美洲人和亚洲人共同参与了上海城的防御。

辣厄尔在北门之战中丧失了 3 个军官和 10 个士兵。天主教神父为辣厄尔大唱赞歌，说法国政府第一个打破了愚蠢的“中立”，这是法国政府和辣厄尔的光荣，因为一个有实力的人在坏事之前不应该守中立，“打破中立是由辣厄尔将军主动的。在中国，大家一致赞扬他”。[③]

六、法国围困上海县城导致小刀会失败

法军在北门之战中惨败，决定孤注一掷，全面围困封锁上海县城，断绝县城所有军火粮食供应，将小刀会困死。英国人斯嘉兹说：“法军和官兵受到惨重的损失，因此决定采用切断粮食供应的办法来迫使叛党投降。”[④]法国牵头，美英参与，在上海县城外挖掘壕沟，企图断绝租界与上海县城的联系。经过 12 天挖掘，挖成壕沟 200 余丈。接着法国开始建造界墙，界墙高丈余，厚约 3 尺，长 654 丈，耗费洋银 12 916 元。美、英与清军先后修筑界墙，与法军建造的界墙相连，对县城实行合围。

严密的封锁让小刀会得不到外界的任何支援，陷入弹尽粮绝的困境。《北华捷报》报道：“可以预料，由于这样严密的封锁，县城即将陷于极度困苦；其实，据报城中饥荒严重，许多人早已离城而去了。”[⑤] 上海怡和

① 郭豫明：《小刀会起义史》，中国大百科全书出版社上海分社，1993 年，第 318 页。

② 《北华捷报》第 233 期，上海社会科学院历史所：《上海小刀会起义史料汇编》，上海人民出版社，1980 年，第 482—483 页。

③ 上海社会科学院历史所：《上海小刀会起义史料汇编》，上海人民出版社，1980 年，第 921 页。

④ ［英］约翰·斯嘉兹：《在华十二年》，《上海小刀会起义史料汇编》，上海人民出版社，1980 年，第 564 页。

⑤ 《北华捷报》第 236 期，上海社会科学院历史所：《上海小刀会起义史料汇编》，上海人民出版社，1980 年，第 492 页。

洋行负责人在给香港总行的函件中说：“封锁又很严紧，所以叛党领袖们被逼到极点，决定撤离上海。”[①] 2月19日，“红头占据上海就这样结束了，前后一共529天。无疑地只要阅读一下围攻上海最后几天的记述，就可以证明辣厄尔将军的正确的处理”。[②] 在清廷和法军的联合进攻下，小刀会归于失败。

辣厄尔与小刀会交战，建筑城墙，围困县城，迫使小刀会撤退，然而辣厄尔不但没有升官封爵，反而因为“他的行动未经法国政府批准，而对中国这一次的帮助反使他的前途受到影响”。[③]“辣厄尔将军主动采取的行动受到了巴黎政府有关部门的谴责”，[④] 结果被法国政府“撤职下野”。[⑤] 辣厄尔可谓咎由自取。

对于小刀会的失败，呤唎批评：“首先法国当局，后来英国当局给清帝国官兵的斗争以有效援助；那时上海法军行动是外国干涉中国内战的开端，最后导致对太平天国运动的镇压。”[⑥]《上海小刀会起义与太平天国关系重考》分析小刀会失败的原因：“太平天国要求小刀会接受其上帝教，并前去归附，在此前提下可以给予小刀会一定的军事战略上的策应。……令小刀会没有想到的是，要接受上帝教，又与法国的天主教信仰发生了冲突，这导致了小刀会在法侨利益的保护方面做得不够，由此与法国在沪势力发生矛盾和冲突，以致法国最后放弃所谓的中立政策而以武力干涉小刀会起义。”[⑦]

---

① 严中平辑译：《上海小刀会起义新史料》，上海社会科学院历史所：《上海小刀会起义史料汇编》，上海人民出版社，1980年，第516页。

② 上海社会科学院历史所：《上海小刀会起义史料汇编》，上海人民出版社，1980年，第914页。

③ 上海社会科学院历史所：《上海小刀会起义史料汇编》，上海人民出版社，1980年，第900页。

④ 上海社会科学院历史所：《上海小刀会起义史料汇编》，上海人民出版社，1980年，第917页。

⑤ 史式徽：《江南传教史》，第1卷，第309、310页。

⑥ [英] 戴存义夫妇：《戴德生的早年时期》，《上海小刀会起义史料汇编》，上海人民出版社，1980年，第690页。

⑦ 朱从兵：《上海小刀会起义与太平天国关系重考》，天津古籍出版社，2010年，第169页。

结　语

综上所述，法国是具有深厚天主教文化传统的国家。在天主教传播与商业利益之间，法国相较于英国和美国更看重天主教传播。太平天国定都南京后，英、美、法等国公使和传教士为维护在华利益，频繁进行外交接触与宗教渗透活动，前来访问标榜信奉天主“皇上帝”的太平天国领导人，故而在没有明确太平天国宗教性质前，列强对太平天国宣布采取表面“中立”政策。半年后，上海爆发小刀会起义。由于小刀会自称遥奉南京太平王为领袖，因此英、美、法驻上海公使对小刀会宣布“中立”，试图以此规避政治风险。

而小刀会占领上海县城后，不可避免地与英、美、法利益发生冲突和矛盾，其中以与法国的矛盾为最。在发布“禁止持械穿越租界”布告事件上，小刀会只提英国而忽略了美国和法国，引起法国强烈不满。法国因为与小刀会摩擦不断，准备诉诸武力。法国经过一年多的观察，认为小刀会信奉的天主教是异端，表示不能容忍，法国海军上将辣厄尔恰逢此时到沪。持坚定天主教立场的辣厄尔推波助澜，决定撕开“中立”面纱，协助清政府向小刀会发难。

辣厄尔限令小刀会拆除炮台，遭到小刀会拒绝，遂对小刀会发动战争。在北门之战中，法国惨遭失败，最后决定围困封锁上海县城，断绝县城所有军火粮食供应，英国和美国以及清军参与了围城行动。在英、美、法和清军的共同围剿下，小刀会弹尽粮绝，不得不从上海县城撤退，小刀会起义归于失败。

湘粤商道与晚清湖南社会

王继平*

摘　要：湘粤商道是历史上沟通中原等北方地区与岭南地区的主要通道。湘粤商道包括萌渚岭道、越城岭道和骑田岭道，分别沟通湖南西南地区与中原地区、岭南地区的联系。湘粤商道作为历史上通往唯一通商口岸——广州的重要商道，对湖南社会产生了深远的影响，深刻地影响了湖南经济和社会发展。进入晚清，东南沿海城市特别是上海通商口岸的开辟，改变了中外贸易的格局，湘粤商道也由繁忙逐步走向衰落，不仅影响了湖南经济的发展，也影响了湖南社会的变化，更深刻地改变了晚清湖南的政治角色。

关键词：湘粤商道；晚清湖南；社会变迁

商道是商品转运、商业流通、商业集聚之道路。商道不仅对沿线经济产生重大的影响，且深刻地影响当地社会。湘粤商道是历史上沟通中原王朝与广袤的岭南大地的交通体系，为中原王朝对岭南地区行使有效管辖，传播中原文化，沟通中原与南方地区的交流，促进民族融合起到了重要的作用。湖南地处中原与岭南交通要道的重要位置，是中原与岭南商贸的输出口，也是岭南对中原地区商贸活动的第一站。湘粤商道对湖南经济、贸易有着重大的影响，同时也深刻地改变了湖南社会。

---

* 王继平，湘潭大学哲学与历史文化学院教授，博士生导师。

一、湘粤商道变迁

湘粤商道是指始建于秦汉时期，穿越南岭（五岭）山脉的交通道路，是历史上沟通岭南地区与中原地区的南北商业交通体系。[①] 五岭是南岭山脉的主体，自东向西为大庾岭、骑田岭、萌渚岭、都庞岭、越城岭，是长江、珠江的分水岭。南岭山脉横贯东西，阻隔了中原地区和岭南地区的联系，修筑湘粤古道，是历代统治者控制岭南地区和南岭山脉少数民族的重要手段，也是中原地区和岭南地区经济流通的重要渠道。

历史时期，中原地区与岭南地区的交通是非常发达的。据陈代光先生研究，春秋战国时期，五岭南北的交通路线有三条：东线从鄂城出发，顺江而下至彭蠡泽的枞阳（今安徽省境内）附近，入赣江，到波阳县，逆赣江而上，至大余县，改从陆路过大庾岭，进入岭南，下浈水，会北江，抵达番禺（今广州市辖区）等岭南各地；西线由鄂城溯江而上，入洞庭湖、湘水，至今湖南湘阴县之锡口戍、广西县境内之邶阳，度越城岭，顺漓江而下，到岭南各地；中线由湘水至湖南衡阳，入湘江支流耒水，至湖南永兴县，过骑田岭、萌渚岭至连山县，顺连江而下汇北江入岭南。这三条通道即秦汉时期的大庾道（东线）、越城道（西线）和骑田道（中线）。[②] 秦汉时期，除了上述三条商道之外，新辟了桂岭道，又名临贺岭道或萌渚岭道。由湖南零陵入湘江支流潇水（又名深水、沱江），至湖南道县，改陆行过桂岭（又名萌渚岭），入珠江支流贺江，经广西贺县至广东封开入西江。东向可达番禺；西向可到今广西各地。至宋代，增加了由福建汀州进入广东循州（今惠州、河源、汕尾等地）、梅州的商道。学者认为，"历史时期，岭南与中原地区间

---

① 本文中，湘粤古道泛指湖南与岭南地区的通商古道，但也有特指这一南北交通体系中的"骑田岭道"，如吴艾妮：《湘粤古道的历史变迁》（《中国历史地理论丛》2019年第4辑），张光俊：《湘粤古道凉亭文化研究》（《湘南学院学报》2017年第6期），张智、陈卫东：《湘粤古道的保护与开发研究》（《中南林业科技大学学报》2014年第1期）等。

② 陈代光：《论历史时期岭南地区交通发展的特征》，《中国历史地理论丛》1991年第3期。

的交通，大致维持了这一基本格局”。[①] 只是由于中央王朝的政治中心的迁徙（由西迁东或由北偏南）、中国经济重心的转移，在不同的朝代，这些商道有所偏重。

上述五条商道中，其中三条位于湖南境内，即所谓萌渚岭道、越城岭道和骑田岭道。在历史上，它们都是沟通中原与岭南地区的重要交通干线，湖南特别是湘南地区（包括今郴州、永州地区）则是连接中原与岭南的要地。

萌渚岭道：沿湘江上溯至湖南永州（零陵）后，入湘江支流潇水，至湖南道县，改陆行过桂岭，入珠江支流贺江，经广西贺县至广东封开入西江。东向可达番禺；西向可到今广西各地。秦始皇统一岭南时，其中“一军守九疑之塞”，走的正是此道。西汉大夫陆贾出使南越国时，由桂岭取贺江，下西江，到达番禺。宋时大将潘美平定南汉及岳飞镇压今广西少数民族起义时，均走此道。萌渚岭是湖南潇水上游沱江与广西贺江上游富川江之间的分水岭，因此萌渚岭道也称潇贺道或桂岭道、临贺岭道。[②] 南宋时，由于政治经济重心的南移以及自然条件的变化，萌渚岭道的重要性进一步降低，“自中原来南者，久不行贺州岭路”。从湖南进入广西，更常用的交通路线是越城岭道。[③]

越城岭道：越城岭是跨越湘江与漓江之间的分水岭，越城岭道即著名的湘桂走廊。具体路线是从长江入洞庭湖，沿湘江而上，至湖南永州，沿湘江经灵渠，至广西全州、桂林，越过越城岭，下漓江、郁江，顺江而下，可达番禺入南海，溯江而上，可达到布山（今广西贵港市港北区）、邕宁（今南宁下辖区）等地。这是五岭通道中唯一一条全程可通达水道的路线。从全州到兴安的越城岭隘口，秦代已经开凿了一条人工运河——灵渠，沟通了湘江和漓江，使长江水系得以与珠江水系连接到一起。越城岭道成为由湖广南下两广最便利的路线，是早期由岭南通往中原地区最重要的交通干线。秦始皇统一岭南时，此道为五军中一军之进军路线。汉武帝元鼎六年（公元前111

① 陈代光：《论历史时期岭南地区交通发展的特征》，《中国历史地理论丛》1991年第3期。

② 张华兵：《穿越潇贺古道》，团结出版社，2016年，第6页。

③ 广东省人民政府参事室、广东省人民政府文史研究馆编：《广州港与海上丝绸之路》，广东经济出版社，2019年，第164页。

年）平南越国时，亦以此路为进军主道。[①]

骑田岭道：由湘江支流舂陵水或耒水南下，至郴州宜章县，陆行过骑田岭后分两路：一路入连江（又名湟水、洭水）经阳山，至英德入北江下番禺，另一路取道武水，入北江，经曲江、英德、清远至番禺。汉武帝平南越国时，卫尉路博德一军，“出桂阳，下湟水”，直指番禺，即此道。

郴州宜章县，“地居楚尾，壤接粤头”，与广东以五岭相隔。该地虽也是陆路的门户，但山高境险，只有崎岖小路可通，南来北往的客商，只好雇佣肩挑贩夫运货，从而加重了成本。但此地也是水路的南大门，著名的郴江由五岭穿凿而行，由此将湘粤两省天然地连接起来。据载：“郴水自广东韶郡（韶州府）乐昌县九峰山（发源），经郴州宜章县黄岭山，……即五岭之第二骑田岭也。其支箱岭至郴州良田镇南于此分歧；右析为泷水，由宜章入广东；左析即郴江（讹澄江）过州北九里瓦窑坪，为突宁之郴江口，即东江口，贾人于此挽泷船（俗呼吹火筒）易板鳅，下湘潭、汉口”。[②]《宜章县志》对这一段水路也有描述：“玉溪水流南海，折岭路达郴江，为南北经商水陆拨运之冲。……客货自北来者为雇船，由南来者为拨夫”。[③]

宋代岭南与岭北的主要通道有三条，“出零陵下离水者，由桂州出豫章下真水者，由韶州出桂阳下武水者”，分别是大庾岭道、骑田岭道和越城岭道，尽管“下真水者十之七八焉”，但越城岭道仍然算得上是一条主要的交通路线。不过，以灵渠连接“北水南流”的越城岭道虽然全程水路具有很大优势，但距离广州较远，路程又过于迂回。唐宋以后五岭通道以大庾岭道最为重要，越城岭道正如其别名湘桂走廊，主要承担的是湖南与广西之间的交通运输。[④]

历史时期，特别是清代湖南通过湘粤商道，与周边各省密切地连在一

---

① 陈代光：《论历史时期岭南地区交通发展的特征》，《中国历史地理论丛》1991 年第 3 期。

② （清）朱偓、陈昭谋修纂：嘉庆《郴州总志》卷五《山川》，岳麓书社，2010 年，第 118 页。

③ （清）陈永图修，龚立海、黄本骐纂：嘉庆《宜章县志》卷七《风土》，中国文史出版社，2017 年。

④ 广东省人民政府参事室、广东省人民政府文史研究馆编：《广州港与海上丝绸之路》，广东经济出版社，2019 年，第 164 页。

起，所谓“湖南当七省（即楚、川、黔、滇、桂、粤、赣等七省）之冲，为鱼米之乡”。[①] 加上北部畅通无阻的八百里洞庭与长江、汉水衔接在一起，使湖南形成了江湖相连，水陆纵横，四通八达的重要孔道。清末有人对此作了如下描述：“水道之便，无他埠可拟。循大江而东，可通皖、赣、吴、越诸各区以达海；循大江而南，可越洞庭入沅、湘以通两广、云贵；又西上荆（州）、宜（昌）而入三峡，可通巴蜀以上溯金沙”。以此为中心，再往西北，又可通过汉水，经过安陆、襄阳、郧阳诸府，“纵贯全鄂以抵汉中”，往北又可以沿汉水的支流白河、丹江二水“以入宛、洛”，所谓“九省之会也”。[②] 湘粤商道所构筑的湖南内外交通网络，促进了湖南区域内经济的发展。

二、湘粤商道变迁与晚清湖南社会经济

湘粤商道的开辟，不仅沟通了中原与岭南地区的政治、经济、文化联系，也极大地影响了湖南经济的发展。在不同的历史时期，湖南经济受湘粤商道影响有所不同。到清前期，由于江南经济在中国经济格局中的地位抬升，受湘粤商道的影响，湖南经济特别是商业获得长足的发展。

清初至鸦片战争前中国实行“闭关”政策，仅广州一口与外通商，湖南虽地处内陆，由于湘粤商道的畅通，却是巴蜀、西北、华北、中原腹地的货物运往广州的重要通道，也是进口商品销往内地的必经孔道。因此，湖南境内的商贸活动异常繁忙，形成了岳阳、长沙、湘潭、衡阳、郴州等商业中心。据记载，乾隆年间，“盐集于长沙，徽商也。湘潭，则衡、永、郴、桂、茶、攸二十余州县之食货，皆于是地取给，故江苏商客最多；又地宜泊舟，秋冬之交，米谷驿至，樯帆所舣，独盛于他邑。衡州以上，商多豫章，以地近而贸易至也”。[③] 岳州地处大湖南北要冲，乾隆年间，“十分其民而工贾居

① （清）王勋、王余英纂修：嘉庆《善化县志》卷二十六《艺文》，嘉庆二十三年（1818）刻本。

② 李华：《清代湖南城乡商业的发达及其原因》，《中国社会经济史研究》1991年第3期。

③ （清）陈宏谋监修，范咸纂修：乾隆《湖南通志》卷四九《风俗》。

其四”，工商业人口已相当集中。湖南不少行业为苏商、徽商、晋商、闽商、粤商和江右商人垄断，“楚南民朴，所需者日用之常资，故富商大贾亦不出其间。惟米谷所聚，商贩通焉。其余则小肆店而已。岳州地处省北，货载取给一郡，即商船停泊亦少。惟常德为黔、蜀之通，澧州居辰、沅之总汇，舟车担负必集于常，而松杉、桐油、盐米之类必集于澧之津市。洞庭以西，市镇之殷繁无过于此”。①

长沙自康熙三年（1664）设置湖南布政使司即成为省会。1726年，长沙城外有粮食、鱼、煤炭、白炭等35户牙行。1817年，新增牙行60户，其中有盐行、茶麻行、纸行、旋行、铁行、石灰行、枯饼行等。1772年，城外各市镇共有门摊189户，其中以粮食货门摊最多。长沙亦为外省客商云集之地，“秋冬之交，淮商载盐而来，载米而去；其贩卖皮币金玉玩好，列肆盈廛，则皆江苏、山陕、豫章、粤省之商客。北客西陕，其货毡皮之属，南客苏杭，其货绫罗古玩之属，繁华垄断，有南关内至臬署前，及上下坡子街为盛。”② 从手工业、商业行会的数量，即可看出其经济的繁荣。据不完全的统计，长沙在乾隆、嘉庆、道光三朝，仅保存下来的手工业、商业行会就有：碾沐业、刻字业、京刀业、衬铺业、戥秤业、成衣业、靴鞋业、棕绳业、烧酒业、制糖业（以上为乾隆朝）、制香业、丝线业、棕绳业、制糖业（以上为嘉庆朝）、鞋帽业、明瓦业、角合花替业、木业、裱糊业、炭园业（以上为道光朝）等20余家工商业行会行规。到清末咸丰、同治、光绪年间，长沙保存下来的工商业行会及行规，增加到刻字业、窑货业（以上为咸丰朝）、靴鞋业、锡洲业、鞭炮蚊烟业、棕绳业、面粉业、生药业（以上为同治朝）、干湿靴鞋业、雄户业、糠坊业、磁业、鱼虾业、漆业、白铁业、药店业、绸布业、竹木华业、烟袋业、雄店业、锯行业、钒业、刻字业、砚业、纸扎业、大小木业、泥行业、木号业、西货业、毡毯业、扇业、流号业（以上为光绪朝）等30余个。③

① （清）陈宏谋监修，范咸纂修：乾隆《湖南通志》卷四九《风俗》。
② （清）刘采邦、张延珂等编纂：同治《长沙县志》卷十一，岳麓书社，2010年。
③ 王继平：《论清代湖南的手工业和商业行会》，《中国社会经济史研究》1988年第3期。

岳州（今岳阳）“地处大湖（洞庭湖）南北要冲，乾隆年间……十分其民而工贾居其四”。[①] 衡阳地处湘中，“长沙未设巡抚、布政使时，商贾皆主衡州，以通广西，书坊墨栈皆以长沙为子店，至今仍之”。特别是“衡烟”贸易十分兴隆。乾隆、嘉庆年间，“大商以烟草为货者，有九堂十三号，每堂资本出入，岁十余万金。号大于堂，兼通岭外，为飞钞交子，皆总于衡烟”。[②]

郴州为湘粤商道“骑田道”湖南地区邻近岭南地区之要镇，郴州“南通交广，北达湖湘，为往来经商拨运之所”。商品运输，往南，拨夫、雇骡驮运，翻越骑田岭，至宜章；经宜章水船运或旱挑骡驮至广东乐昌，换大船至韶州（今韶关）、佛山、广州；往北，经郴水、耒水，顺流而汇湘江，至衡阳、湘潭、长沙，出洞庭而达汉口。在广州一口通商时期，郴州商贾云集，货物辐辏，颇具一时之盛。“沿河一带，设立大客栈房十数间，客货自北至者，为拨夫为雇骡，由南至者为雇虹。他如盐贩运盐而来，广客买麻而去。六七月间收获，九十月收茶、桐油，行旅客商，络绎不绝，诚楚南一大会冲也。米码头则米贩泊船之所，朝夕给应，郴人赖之。乡村墟场，各有定期，往往千百群聚，携货交易。”[③] 湘南各县及湘东部分县的土特产在此集散；粤盐和广货，亦在此中转运销。

常德为湘西北商贸转运之地，除承接湘粤商道外国舶来品运销西南各省的集散地，也成为西南诸省土特产外销的集散地。“惟常德为黔、蜀之通衢，澧州居辰、沅水之总汇，舟车担负必集于常，而松杉、桐油、盐米之类必集于澧之津市。洞庭以西，市镇之殷繁无过于此。”[④] “大江啮城，舳船帆樯，时上下商贾所聚，百货辏集，人语欢声，辄喧午夜……旧称鱼米之乡，良有以也。”[⑤] 益阳在长沙西，为长沙府属县，资江沿城而过，直抵洞庭湖，水运十分发达。清代益阳盛产黑茶、竹器、凉席，江西、江苏、安徽、福建商

① （清）《清经世文编》卷二九《户政》。
② （清）罗庆芗修，彭玉麟等纂：同治《衡阳县志》之《货殖》，同治十三年刻本。
③ （清）朱渥等修，陈昭谋等纂：嘉庆《郴县志》卷二一。
④ （清）陈宏谋监修，范咸纂修：乾隆《湖南通志》卷四九《风俗》。
⑤ （清）陈宏谋监修，范咸纂修：乾隆《湖南通志》卷四九《风俗》。

人都在益阳建立商号，转送益阳茶叶与竹器。益阳和资江上游的黄沙坪镇专门经营茶叶贸易的商号就有90多家，而市内则形成“十五里长街”。

特别值得指出的是地处湘粤商道中央的湘潭。湘潭地处湘中，湘江蜿蜒穿城而过，涟、涓二水在此汇入湘江，南据交广要冲，西据滇黔转运通道，极具舟车骡马之利，自古四方商贾云集。湘潭城正街牙行铺栈林立，山西、陕西、苏州、江西、广东的客商往来其间，货物云集。《光绪湘潭县志》称：“长沙水埠不利泊船，故皆辏湘潭，自前明移县治以来，杨梅洲至水东门岸，帆樯舣集，连二十里，廛市日增，蔚为都会，天下第一壮县也。”① 湘潭“自前明号为‘小南京’”②，已成为中南地区区域经贸中心。

雍正四年（1726），湖南巡抚在给朝廷的上书中有这样一段描述：“臣自浙江赴湖南任，道经长沙所属之湘潭县，见千艘云集，四方商贾辐辏，数里市镇，堆积货物，懋迁有无，居民楷比。”③ 又据《乾隆湘潭县志》载：湘潭“肆陈百货，江运千艘，潭之号称繁会者，实无一不籍于四方，其四方之所利，则潭之所出之利相彼”。④ 四方客商汇集于此，以产茶而闻名的安化县，“安邑民朴，所需日用之常资，……一切货物取给于湘潭、益阳……（本县）如竹溪、山口、大虎坪、蓝田、桥头河数处，可通小舟者，亦多远客骈集。至于后乡，长沙大河，上通宝庆，下通资江，各都产茶最多，远招引客。其间棕桐、竹木、乌梅、山茶等项，虽遇岁歉，产户有资，商贾有利”。⑤ 说明湘潭中转贸易地位的重要。

在湘潭从事商业活动的外省商人就有西帮、南帮、北帮、苏帮、广帮、建帮等。当时，苏浙丝绸、江南杂货、福建丝烟，晋、鲁、豫、陕、甘等北五省旃裘、汾酒、潞参、关角、甘草等均有输入，而广东海产、葵扇亦以湘潭为一大销场，其银珠、玳瑁、化皮、安桂等珍贵药品则以湘潭为枢纽，运

① （清）陈嘉榆、王闿运等修纂：光绪《湘潭县志》卷十一《货殖》。

② （清）陈嘉榆、王闿运等修纂：光绪《湘潭县志》卷二《建置》。

③ （清）王国栋：《清凌长沙北门旧河疏》，载（清）贺长龄《皇朝经世文编》，（台北）文海出版社，1979年。

④ （清）吕正音修，欧阳正焕纂：乾隆《湘潭县志》卷十二《物产》。

⑤ （清）牛中瀚修，陶澍纂：嘉庆《安化县志》卷十一《风俗》。

销长江流域。湘潭商业码头由明末 10 余处增至嘉庆时的 37 处。嘉庆年间，湘潭的商业街设立了管理机构——“总”，各总之间设有门楼，入夜关栅，天明则启。商业集中于“城总市钟相连，凡二十里。其最稠者，在十总以上至十九总，百货皆聚于此。凡粮食、绸缎、布匹、棉花、鱼盐、药材、纸张、京广杂货、竹木牌筏，皆集于此，为湖南一大马头”。[①]“城总市铺相连几十里，其最稠者则在十总以上。甲乙之货云屯雾集，为湖南一大码头。客商凭行买卖。米谷自衡州而下，多聚于此，大约视湖北、江南之时价为低昂。”[②]“日过樯帆千杆，夜泊舟船十里。”商市由八总扩至十九总，其十四至十七总为富商大贾聚集之区，总积银百万两。并已扩展至“城西街三条，直抵窑湾，迤逦十余里”，这一带“五方杂处，商贾辐辏”，“行李之往来，货物之出入，必取便于隙地，且烟火相连，当备不虞。故各总多有横街及巷，其北通后湖之巷日南巷夕通湘（江）岸曰马头”。[③] 到嘉庆、道光年间，湘潭共修建了 39 个码头，其中有的是官府所建，有的是当地士绅所修，也有相当数量的是商人出资修建。[④] 与此同时，湘潭的商人会馆增加到了 19 个，其中除三个为本地商人所建外，有 16 个是外地商人会馆。[⑤] 湘潭“城厢内外，市面大兴”。[⑥]

湘潭又是全国四大米市与四大药都之一，“岁一贾，其入数千万”。易俗河市已成为百谷总集之区，粮仓相比，米袋塞途，年贸易额达清前中期长沙 200 余万担。“湖南谷豆咸萃于此，乃至下游舟载逆挽来臻，富人建仓辄储万石，寄屯之息岁至万金”[⑦]，是县境最大的米市。湘潭药材交易繁盛，广西、广东、四川、陕西、山西、甘肃等省所产药材和从缅甸、暹罗（今泰国）、安南（今越南）、印度输入的进口药材，各择便道运抵湘潭，再转销省内外，因而水运繁忙，舟船络绎。在湘潭经营药材的主要是江西商人。嘉

① （清）吕正音修，欧阳正焕纂：乾隆《湘潭县志》卷十四《风俗下》。
② （清）张云璈、毛梦兰等纂：嘉庆《湘潭县志》卷三九（刻本），1818。
③ （清）张云璈、毛梦兰等纂：嘉庆《湘潭县志》卷六《城池上》。
④ （清）张云璈、毛梦兰等纂：嘉庆《湘潭县志》卷六《城池上》。
⑤ （清）张云璈、毛梦兰等纂：嘉庆《湘潭县志》卷十九《祠庙》。
⑥ （清）张云璈、毛梦兰等纂：嘉庆《湘潭县志》卷三九（刻本），1818。
⑦ （清）陈嘉榆、王闿运等修纂：光绪《湘潭县志》卷四《山水》。

庆二十二年（1817），湘潭共有19个会馆，其中江西商人占有6个。江西商人主要经营药材和杂货业。康熙、乾隆年间，江西的临江、丰城、清江、新喻、新淦、樟树等地，有不少人弃农从商，肩挑贩运药材往返于湘潭。康熙初年，江西临江府清江县樟树镇程坊村一黄姓药材商在湘潭十二总佃房开设药栈，从事药材经营，此为湘潭设药材行之始。随后临丰籍商人来潭开设药材行栈的日益增多，乾隆四年（1739）湘潭药材行就发展到十家，即安吉、丰太、张全福等十家，从业人员增至四五百人。[①]

容闳曾描述了湘潭在湘粤商道中的重要地位，说："湘潭亦中国内地商埠之巨者。凡外国运来货物，至广东上岸后，必先集湘潭，由湘潭再分运至内地。又非独进口货为然，中国丝茶之运往外国者，必先在湘潭装箱，然后再运广东放洋，以故湘潭及广州间商务异常繁盛。交通皆以陆，劳动工人肩货往来于南风岭者，不下十万人。南风岭地处湘潭与广州之中央，为往来必经之孔道，道旁居民，皆籍肩挑背负以为生，安居乐业，各得其所。"[②] 可见，在鸦片战争前，由于各种原因，湘潭在商业意义上具有较长沙更重要的地位。

除了交通要冲的府、州、县治市镇以外，清代前期湖南还出现了专业化的市镇，以经营某一种商品为主，兼营其他商品。如陶瓷市镇有醴陵县之沐山、青泥湾、姜湾、冷水坑、王仙、大小林桥，长沙县之临湘镇，湘阴县之峰窑市，宁乡县之鹿角窑街、窑里街。茶叶市镇有安化县之东坪、长沙县之乔口镇。造纸业有湘潭县之碑头市。粮食贸易市镇有湘潭县之易俗河、醴陵县之渌口。渔业市镇有善化县之陶埠渍，湘潭县之昭潭、易家湾市、株洲镇。爆竹业市镇有醴陵县之普口市、富里、白兔潭、渔塘、仙石、麻石。[③]

易俗河位居涟水、涓水与湘江交汇处，交通、泊船条件优越。涟水、涓水流域稻产丰富，涓水的碧泉和涟水的十万垄稻谷碾出的"油米"，洁白如玉，光彩油润，盛名在外。尤其是涓、涟二水筒车坝多，极利于开设碾坊利

① 陈曦、阳信生：《从湖南的地方志看清代前期湖南商业》，《中国地方志》2002年第5期。
② 容闳：《西学东渐记》，岳麓书社，1981年，第46页。
③ 谭仲池主编：《长沙通史》古代卷，湖南教育出版社，2013年，第645页。

用水力和牛力进行粮食加工。易俗河用水力、牛力碾出来的米叫“上熟米”，比人力碾出来的“元熟米”要洁白得多，潮、广、浙、益、汉各帮商人都知“白米出在易俗河”，纷纷在易俗河设庄收购。至19世纪中叶，易俗河成为湘潭米市的主体、湖南最大的谷米市场。全盛时期，易俗河为湖南百谷总集之区，粮仓棉比，米袋塞途，常年贸易额达400万—500万石。谷米来源很广，湘江流域甚至滨洞庭湖一带多集散于此。销售非常畅旺，来自潮、广、浙、益、汉等处的商人云集此地，分帮设庄洽购；湘江之上运米之船连樯衔尾，光益、汉两帮运载谷米的船舶就不下千艘。至清末民国年间，易俗河有米行28家，谷行4家，从业商人900余人；碓坊200余家，仓栈2 000间，常年储谷米500百万—600百万石，加工工人达4 000余人；有专业运粮码头19座，载运量1 000石以上的运粮船32艘，数十至数百石的民船1 565艘，从事谷米搬运的工人1 000余人。最大的粮行郭正泰行，交投旺盛，获利颇丰，建有专门装运谷米的码头——正泰码头。①

靖港古时为沩水入湘江处的天然良港，周边益阳、湘阴、宁乡等地谷、米、油、茶等土特产在此集散转运，又是淮盐内销的主要口岸，商贾云集，市场活跃，与津市、洪江同为湖南繁盛三镇，誉为“小汉口”，曾有“船到靖港口，顺风都不走”的民谣。

芷江县的“怀化市，在县东一百二十里……近辰溪镇，由山塘至此，驿站巡递，担夫行客投足于此，而上下去城邑绝远，故贩书列肆其间，以供乡村市物者”。② 该县榆树湾市有数百户人家，“街冲井列上下，舟少选舰泊，群铁者连市之焉，油豆米谷之属亦集于此售。路当孔道，为人滇黔所必经，旅舍联络，行客率住宿于此”。

可以说，清前期由于湘粤商道的缘故，湖南商品经济达到繁盛时期，湘江、资江、沅水、澧水沿岸及洞庭湖周边城市常德、长沙、岳阳、益阳等都已成为长江以南重要的商业城市，茶、米、桐油、木材等货物云集，各类客

① 陈准、金身佳编著，吴小月主编，罗玲玲副主编：《明清时期“金湘潭”研究》，湘潭大学出版社，2019年，第21页。

② （清）闵从隆纂修：乾隆《芷江县志》卷一《乡都市镇》。

栈林立，商贾往来不止，商业繁荣。

鸦片战争以后，五口通商，商贸格局发生了重大变化。特别是广州作为唯一的对外贸易港口地位的丧失，以及19世纪40年代末上海逐步取代广州成为全国最大的对外贸易口岸以后，湖南的交通区位优势丧失，传统湘粤商道优势不再，湖南商业日益衰落。“湘省商人营业辐辑之区，湘潭、衡州、益阳、津市、常德、洪江称盛。光绪中，轮船、邮电渐次交通，商业为之一变。长沙居湘潭下游，遂称盛，而湘潭以衰。常德趋便洞庭以西，不若长沙趋于东，故岳州、长沙商埠蚤立，而常德迟。衡州为湘潭门户，洪江为常德门户，津市、益阳又为常德之枢纽，潭、常不振，故衡、洪、津、益亦无起色。”①

郴州是湘粤商道骑田岭道湖南境内的集散地，鸦片战争前后的情形迥然不同：“郴地南通交、广，北达湖、湘，为往来经商拨运之所。道、咸之世，海舶未通，南货运北，北货往南，悉由此经过。故沿河一带，大店栈坊数十家。客货至，为拨夫，为雇骡，为写船只，络绎不绝，诚南楚一大冲要也！及东南氛靖，海运既通，百货遂徙而之他。加以陆运漏迟，夫骡偷损，富商大贾，悉视郴道为畏途。今昔比较，十一悬殊。河街店栈，落落晨星，仅存数家，且有不能持久之势。此往来经商之情形也。至郴人之业商者，特五十之一耳，班口既小，资本亦微，行销各货，或运米盐而入境，或运烟茶以出境，以及竹、木、姜、果、茶、桐油等。水陆运费，为数不资，获利遂赛。其不能与多财善贾者坪，势固然也。处优胜劣败之时代，而欲使商务勃兴，夺轮舶之利权，复旧日之规模，其俟诸铁路告成之后乎！”②

以湘粤商道重要的商品集散地湘潭为例，五口通商后，沿袭百年的广州一口通商和“行商制度”被终结，海禁大开，广州商务多北移上海，传统湘粤商道逐渐衰落，东南沿海丝茶不再以湘潭为集散、装箱和转运基地，云、贵物资也改经广西梧州海运至香港再转上海，繁荣了100多年的广州越

① （清）湖南调查局编：《湖南商事习惯报告书》，湖南教育出版社，2010年，第一编，第一章。

② （清）查庆绥修，谢馨槐纂辑：光绪《郴州直隶州乡土志》卷下《实业》，清光绪三十三年（1907）刊。

五岭经湘潭至内地的传统商道失去垄断地位，湘潭转运贸易乃逐渐减少。历年来艰难跋涉在五岭三湘间成千上万的几代脚夫、挑夫、纤夫、贩夫纷纷失业，昔日繁华喧嚣的商道从此渐渐沉寂。谭嗣同如是描述说："从前海禁方严，番舶无埠，南洋、五岭之珍产，必道吾埠，然后施及各省。维时湘潭帆樯鳞萃，繁盛甲于东南，相传有'小江南'之目。厥后轮船、租界曼延沿边，商旅就彼轻捷，厌此艰滞，而吾湘口岸，始日衰耗。"① 嗣后，随着通商口岸的不断增加，特别是邻近湖南的汉口、九江相继开埠，中国外贸口岸迅速增加为34个。

汉口开埠直接冲击摇摇欲坠中的湘潭贸易重镇地位，北五省②货物也多改道汉口顺长江外运出海。汉口还逐步发展为湖南省对外贸易最主要的转口地，湖南的茶叶、鞭炮等源源不断运往汉口，转口出洋，外国进口的棉布、棉纱等商品也经汉口转载至湖南，一时间，汉口到湖南的商船往来如梭，坐落在长沙南边的湘潭在这种商业贸易的繁荣大势前却货物日少，商务进一步衰落。故《光绪湘潭县志》描述说："五口开，汉口、九江建夷馆，（湘潭）县市遂衰。"③ 近人还曾评价说："轮船传入中国后，往返于广州、上海和汉口（之间）的定期航班，削弱了湘潭的重要性，从此，湘潭就开始衰落了。"④ 曾经对湘潭商业繁盛极为称赞的容闳，也感慨地写道："迨后外洋机械输入，复经国际战争及通商立约等事，而中国劳动界情势，乃为之一变。此不仅扰乱中国工业制度，且于将来全国之经济、实业、政治上，皆有莫大影响也。"⑤

三、湘粤商道变迁与太平天国运动

晚清湘粤商道的变迁对湖南社会的另一重要影响，是为太平军进军湖南

---

① 蔡尚思、方行编：《谭嗣同全集》，中华书局，1981年，第424页。

② 指山西、山东、河南、陕西、甘肃五省。

③ （清）陈嘉榆修，王闿运纂：光绪《湘潭县志》卷十一《货殖》。

④ 周锡瑞、杨慎之译：《改良与革命：辛亥革命在两湖》，中华书局，1982年，第7页。

⑤ 容闳：《西学东渐记》，湖南人民出版社，1981年，第46—47页。

准备了社会环境和社会基础，使在蓑衣渡遭受重创的太平军迅速得到补充和壮大，为进军南京奠定了基础，深刻影响了太平天国农民革命运动的进程。

湘粤商道的衰落造成大量依靠商道生存的工人、船夫、小商贩、手工业者群体的失业，最直接的后果就是加剧了鸦片战争后湖南社会向下流动的趋势。所谓社会流动是指社会成员在社会位置上的变动。这种变动可以是从一个阶级或阶层向另一个阶级或阶层的转移，也可以是同一阶级、阶层内部在职业或一般活动空间等方面的变动。社会流动是社会阶级、阶层结构的量变过程，流动率的高低、幅度的大小、速度的快慢将影响社会结构的性质以及社会运行的状态，从而影响社会的发展。

鸦片战争后，湖南乡村社会流动呈现的是一种持续向下的趋势。就整体而言，这种社会流动既反映了处于封建社会末期和清王朝末期的特征，也反映了西方资本主义向中国扩张所产生的后果。其结果是，无论是个人还是社会阶层，向下流动的频率超过向上流动，反映乡村社会持续向下沉沦的趋势，并因此造成社会的分裂，爆发社会危机，引起社会的动荡。就湖南乡村社会而言，其流动的主要原因是土地兼并的加剧、地权集中在少数地主手中，自耕农大量沦为佃农或靠出卖劳动力为生的雇农，这是王朝末期所共有的特征。而湘粤传统商道的改变，则是鸦片战争后，西方资本主义经济侵略对中国传统自然经济破坏所带来的后果。

鸦片战争以后，东南沿海地区一批城市陆续开辟为通商口岸，尤其是上海的开埠，逐步取代了作为唯一通商口岸广州的地位。作为内地至广州的贸易孔道的湘粤商道遭受严重冲击，造成湘粤商道大量船工、水手、挑夫、车夫失业，影响所致，为商道服务的客栈、饭铺、酒肆，也纷纷倒闭歇业。在传统社会，行业的衰落造成的民众失业，一般来说是回归土地，但是在晚清湖南社会，这一流动渠道被阻塞。湖南地处内陆丘陵地带，乾隆、嘉庆以来人口滋繁，土地稀少，土地兼并也是很严重的，而到晚清，地权集中的现象更为严重。如湘潭县："弱者以田契送豪家，犹惧其不纳。"① 桂阳县："（邓

① 李文治编：《中国近代农业史资料》第1辑，读书·生活·新知三联书店，1957年，第64—68页。

氏）列宅分地，数十里田舍相望……（又）邓仁兴者，……兄弟田数百顷，以富雄一方，至用担石程田契；乘马不牧，游食田野数十里，不犯人禾。”①衡阳县：“康熙中，刘重伟……于是坐致税利，为万金之家。至嘉庆时，子孙田至万亩。”②长沙县：“嘉庆壬申，李象鹍奉父命析产为二，各收租六百余石。……服官中州后，禄入较丰，积俸所赢，置产数倍于前。……于道光壬辰仍合旧产为二析之，较壬申数且六、七倍。”③

土地兼并的直接后果是使自耕农和中小地主陷入困境，变为佃农或雇农，乡村社会发生分化。据记载，这一时期由小土地者变为佃农的比比皆是：“近日田之归于富户者，大约十之五、六；旧时有田之人，今俱为佃耕之户。每岁所入，难敷一年口食。”④曾国藩也曾经感叹这种情况：“天道五十年一变，国之运数从之，惟家亦然。当其隆时，不劳而坐获；及其替也，忧危拮据，而无少补救，类非人所为者。昔我少时，乡里家给人足。农有余粟，士世其业，……自远游以来，每归故里，气象一变，田宅易主，生计各蹙，任恤之风日薄。呜！此岂一乡一邑之故哉？”⑤在这种土地兼并十分严重的情况下，失业之贩夫走卒是难以回到土地上的，即使回归乡村，也只能成为一无所有的佃农或雇工。因此，鸦片战争后湘粤商道衰落所造成的大量失业人群，除了回归乡村的佃农和雇工外，其流向基本上是矿工、船工，或流落江湖的流民。

湖南的矿藏丰富，各种矿业开采也比较早，而湘南地区煤矿、铁矿以及有色金属矿藏众多，特别是煤、铁、铜、铅等矿业，在明清以来就大量开采。晚清以来，官府对矿业开发的种种限制有所放宽，矿业得以发展。据研

① 李文治编：《中国近代农业史资料》第1辑，读书·生活·新知三联书店，1957年，第64—68页。

② 李文治编：《中国近代农业史资料》第1辑，读书·生活·新知三联书店，1957年，第64—68页。

③ 李文治编：《中国近代农业史资料》第1辑，读书·生活·新知三联书店，1957年，第64—68页。

④ 李文治编：《中国近代农业史资料》第1辑，读书·生活·新知三联书店，1957年，第105页。

⑤ 《曾国藩全集》第14册《诗文》，岳麓书社，2011年，第286页。

究者统计，清初到同治年间，湖南省共有开采铜、铅、锌、锡各矿矿厂（点）76 处。从分布地区看，以上矿产的开发地区分布极不平衡，主要集中在湘南郴州直隶州、桂阳州直隶州及衡州、永州两府与郴、桂两州相邻的一些属县，以及湘西北永顺府的桑植县、永顺县和湘西南靖州属县绥宁县等。矿厂（点）最多的是郴州，共 32 处；其次是桂阳州，共 11 处；再次则是郴州属县桂东县、宜章县和桂阳县，分别为 7 处、6 处和 4 处。其他各县矿厂（点）仅一二处。郴、桂两直隶州共有矿厂（点）63 处，约占总数的 83%。衡州府、永州府与郴、桂两州相邻的县共有矿厂（点）6 处，约占总数的 8%。90%以上的矿厂（点）都在两州及其相邻的衡州府、永州府属县，占总数仅 9%的矿厂（点）散布于湘西北、西南的个别县。[①]

矿业是需要大量劳动力的行业。如郴州、桂阳一带，在通常情况下，农民秋收后，“无他艺业，往往于产有铁矿处所竭力开采，以此获值自赡。计阖县挖矿营生之人，动以千数”。此外，靠矿业其他部门或配套产业营生的矿贩、炼铸铁的雇工、挑运脚夫、烧炭的炭户、装炭的船户以及拣炉炭矿渣的贫民，每年共计“不下万余人”。[②] 桂阳州的地方志记载说：“桂民多不善贾事，力农之外，或习一技以终身，此恒业也。因地产铜铅，有力者供垅烧炉，无力者淘沙打矿。”[③] 在鸦片战争后湘粤商道衰落的情况下，矿业无疑在矿产出产丰富的湘南为失业人群提供了合适的去处。

五口通商后，湖南中外贸易的转口之地主要转移到了上海和汉口。湘粤商路衰落，湘北商路便逐步开辟和发展，主要是由长沙湘江，越洞庭，经岳州，入长江，以达武汉。交通工具一改湘南商路“交通皆以陆”，主要靠人力畜力肩挑骡驮的局面发展为以帆船水运为主。据记载：19 世纪 50 年代（咸丰年间），湖南“商民贩运谷米、煤炭、桐茶油、竹木、纸、铁及各土产，运赴汉口销售，易盐而归，分销各岸”，[④] 汉口成为湖南对外贸

① 林荣琴：《清代湖南矿业开发的分布与格局（1644—1874）》，《历史地理》第 22 辑。

② 光绪《辰溪县志》卷 21《矿厂》。

③ 《直隶桂阳州志》卷 2《物产》。

④ 骆秉章：《采买淮盐济食分岸纳课济饷折》，《骆文忠公奏稿》卷三，光绪十六年（1890）刻本，第 30 页。

易的主要转口之地，湖南的大米、茶叶、矿产品和鞭炮等，源源不断运往汉口，辗转出洋；外国进口的棉布、棉纱、钢铁、煤油等商品，则自汉口用民船转运来湘。江流、湖面，商船相接，往来如梭，呈现出前所未有的繁荣景象。[①] 原来活跃在湘江上游郴州、永州等地的船夫、水手大部分向中下游益阳、常德、岳阳等地转移，承接自湘西乃至云贵川等地经沅水、澧水入长江运往汉口、上海的货物运输，或承担由东南沿海通商口岸销往长江中上游地区的洋货运输。因此，在洞庭湖及湘、资、沅、澧四水中下游，聚集着大批由湘粤商道上游转移的船工、水手，组成独特的水上社会。

因湘粤商道衰落而失业的贩夫走卒有相当部分流落江湖，成为所谓流民，尤其是流落于湘粤商道所经之湘南地区，形成了数量庞大的流民群体。所谓流民，并非完全无职无业。其最常从事的职业，多半是雇工，且以短期、无须特别技术的粗笨活计为主；其次是乞丐、串乡卖打、要猴、算命、打卦之类的江湖艺人；再次是以坑蒙拐骗偷为业的所谓江湖强人。他们或从事人口拐卖："湖南客民每在湖北地方不惜多金价买人口，以供使令，有等不法之徒三五成群，串成骗局，哄诱良家子女，自己装作买主，写立身约，得价瓜分人口。"[②] 有的则占山为匪，"焚毁房屋，提人勒赎，无恶不作"。[③] 流民是社会不稳定的重要因素，为湘南地区天地会的发展提供了温床，使得湖南特别是湘南地区形成分布广泛、数量庞大的秘密社会团体。

由此，湘粤商道衰落导致的晚清湖南乡村社会流动是从上层地位和职业向下层地位和职业的流动，是一个向下的过程，它使原来依附湘粤商道生存的众多挑夫、船夫、小手工业者、小商贩等相对稳定的社会群体下沉为流民、会党、矿工、船夫等底层社会人群，造成湖南乡村社会的动荡不安，是太平天国起义前后湖南社会冲突重要诱因，为太平天国进军湖南酝酿了社会氛围，也使在蓑衣渡遭受重大损失的太平军得以获得兵力补充，为进军南京

① 刘泱泱著：《近代湖南社会变迁》，湖南人民出版社，1998 年，第 96 页。

② 民国《宁乡县志》，民国三十年（1941）刊本。

③ 同治《长沙县志》卷十九《政绩》。

奠定雄厚兵力。

太平军进入湖南之前，湖南特别是湘南地区就爆发了响应太平天国的各种起义。1851年1月，新宁天地会首领洪大全即率众前往参加太平军，并一度进入了太平天国的领导集团，主持策划军事。1851年9月，宜章丐女王肖氏发动起义。先是，她与广东人杨得魁、刘上元等创立沙钵会，发展会众百余人，进行过一些反抗地主豪绅的斗争。到太平天国起义爆发后，王肖氏即集合会众，在宜章发动起义，攻打清兵关卡，后在清军的围攻下，王肖氏被捕牺牲，余部仍在湖南一带坚持斗争。同年，桂阳县斋教徒朱幅隆等，也与广东会党首领李哑子等联络，密谋起事，聚众达七百余人，但谋事不秘，被清兵捕杀。同年衡州天地会首领朱九涛，以在江湖上卖药为名，广泛联系会众，准备起义，并自称“太平王”，设立秘密机关和旗帜、印信等，也因组织不严，被清军发现，起义流产，朱九涛潜逃。郴州矿工刘代伟在太平天国起义后，即广泛发展天地会，准备响应起义，被清廷查获并抓捕多人。1852年4月初，刘代伟发动会众劫狱，救出被捕人员，宣布起义，并与清军展开搏斗，未料遭到前来防堵太平军的湖广总督程矞采的镇压，起义也告失败。此外，浏阳周国虞的征义堂起义和道州何贱苟的起义是这一时期规模比较大的会党和农民起义。

太平军由广西进入湖南以后，在湘南获得迅速发展，民众纷纷响应，“贴粤匪之伪示，张太平之逆旗，甚至乞儿偷盗三五成群，亦敢倡言谋乱，毫无忌惮”，[①] 或为之向导，或附和起义，更多则是加入太平军。太平军一入湘南，“即有衡、永、郴、桂各处土匪潜赶贼营为之道引。故数千里之外，山岗之寇入内地毫无疑沮，歧途僻径恍若熟游。而贼每次被剿，窜出所胜。长发真贼无多，旬日之间，啸聚又以逾万，此等奸民无事则拜会结盟，伙众纠抢，扰害地方，有事则勾引逆贼，号召匪徒乘机响应”，[②]仅1853年就发生了几次起义。1月，攸县谢友与广东江西的天地会众合作，攻打县城；4月，衡阳草市刘积厚、安化蓝田串子会分别发动起义；8月，广东乐昌天地

① （清）邹焌杰等纂，王汝惺等修：同治《浏阳县志》卷十三《兵防》。

② 《左宗棠全集》，岳麓书社，1987年，第17册，第149页。

会义军攻入宁远；10 月，又有醴陵、茶陵的天地会众发动起义。总之，各地农民和会党的响应此起彼伏：

"道州俗朴而悍，地界粤西，多会匪，贼据月余，各处贼均响应，势高涨。"[①]（道州）

"李观龙于白水洞聚众千余，陷永、桂厅城，进攻新田"，"奸民习知官兵怯懦状，皆轻作乱"。[②]（桂阳）

"时，永、桂以上，会匪充斥，乘粤贼之变，聚众称兵。"[③]　（永州、桂阳）

"邑有奸民，阴与贼约为内应。"[④]（衡山）

"斋匪何奇七、客匪黄极高接踵作乱。"[⑤]（攸县）

"土匪之起，大都藉粤贼声援。"[⑥]（清泉）

太平军进军湖南前夕和进军途中，湖南特别是湘南地区人民的响应，为太平军挺进两湖、向南京进军营造了良好的社会氛围，使清朝地方当局穷于应对，有利于太平军在两湖特别是在湖南的迅速发展。

正因为各地民众的响应，经历蓑衣渡惨败的太平军得以获得休整和补充、扩充的机会，获得极大发展。蓑衣渡之战是太平天国自起义以来遭遇的第一个重大损失。"蓑衣渡在州城之北，陆路十里，水路十二里，仍属全州治。由此水陆通行，直至五十里黄沙河即入湖南境。湘江东岸，丘陵起伏，间有禾田，渡口有丛林，大树参天。再东去数里即为湖南道州边界。其间重峦叠嶂，连亘南北，仅有山坳可通。至渡口西岸一带有沙滩突出河面，故渡口河床特窄，东西相距约一百米达耳。过此即河身略向西转，再北流至黄沙河而入湘。江水不深而湍急异常，滩头甚多。"[⑦] 江忠源率乡勇预伏此地，

① 《左宗棠全集》文集，岳麓书社，2009 年，第 266 页。
② （清）吴嗣仲修，王闿运纂：同治《桂阳直隶州志·事纪》。
③ 王定安：《湘军记·湖南防守篇》卷二，岳麓书社，1983 年。
④ （清）李惟丙、劳铭勋修，文岳英纂：光绪《衡山县志》卷三十《人物》。
⑤ （清）赵勷修，陈之麟纂；王元凯续修；严鸣琦续纂：同治《攸县志》卷 25《武功》，同治十三年刻本。
⑥ 王闿运修，张修府纂：同治《清泉县志》，《事纪》。
⑦ 简又文：《太平天国首义史》，商务印书馆，1946 年，第 299 页。

在河道满布障碍物，伐木做堰，伏兵两岸等待。太平军乘船至此遇伏，船只不得前进，激战两昼夜，天王洪秀全弃舟登陆，在全州受伤的南王冯云山在此役牺牲，兵力由全州转战时的五万损失至“不满万人”[①]。从蓑衣渡突围后，太平军围攻永州不克，乃转道道州，休整后转战湘南，开启了在湘南发展壮大之旅。

一是在湖南特别是湘南吸收了大量农民、矿工、会党等加入队伍，使太平军在蓑衣渡之战的损失得以弥补。李秀成曾回忆说，太平军“下道州，打永明，破江华县，招得湖南道州、江华、永明之众，足有两万之数”，“后移师郴州，入郴州亦招二三万众，茶陵州亦得数千”。[②]在长沙，“教匪持香纷纷加入”。[③]“会匪之入党，日以千计”，[④]“湖南会匪之多，人所共知。去年粤逆入楚，凡天添弟会者大半附之而去”。[⑤]江忠源说，“会匪之入党，日以千计”。[⑥]曾国藩后来回忆说：“去年粤逆入楚，凡入添弟会者，大半附之而去。”[⑦]罗尔纲先生在《太平天国史事考》一书中认为，太平军在湘南吸收的会党有五万多人，是蓑衣渡战败入湘人数的十倍。

二是太平军在湖南增添了攻城略地的精锐部队——土营和水营。土营、水营，就是以湖南的矿工和船户为主体的。据载：太平军“自陷郴、桂，得采煤山夫千余人，仿鳌翻法，立土营伪师帅，穴地攻城”，[⑧]“贼攻城专以挖地道为计，于道州、郴、桂等处，尽掳挖煤山人数千，另立土营”。[⑨]咸丰年间，郴、桂二州正处在太平天国战乱之中，不少挖煤矿工人参加到起义军

① 中国史学会主编，王重民、王会庵、田余庆等编：《中国近代史资料丛刊》，《太平天国》（三），上海人民出版社，1957 年，第 290 页。

② 中国史学会主编，王重民、王会庵、田余庆等编：《中国近代史资料丛刊》，《太平天国》（一），上海人民出版社，1957 年，第 790 页。

③ 参见罗尔纲：《太平天国史事考》，生活·读书·新知三联书店，1979 年，第 60 页。

④ 中国史学会主编，王重民、王会庵、田余庆等编：《中国近代史资料丛刊》，《太平天国》（四），神州国光社，1957 年，第 457 页。

⑤ 《曾国藩全集》第 1 册《奏稿一》，岳麓书社，2012 年，第 72 页。

⑥ 《江忠源集·王鑫集》，岳麓书社，2013 年，第 39 页。

⑦ 《曾国藩全集》第 1 册《奏稿一》，岳麓书社，2011 年，第 72 页。

⑧ 杜文澜等撰：《平定粤匪纪略》卷 1。

⑨ 张德坚：《贼情汇纂》卷 4，中国史学会主编，王重民、王会庵、田余庆等编：《中国近代史资料丛刊》，《太平天国》第三册。

中，“咸丰元年辛亥，秀全窜入永安州，……值湖南郴州贼李严通作乱，为官军追剿，亦相附，始突围出，……窜至长沙，此壬子年事。先是湖南多股匪，官兵分剿，自是悉附秀全，计二万人。又招得掘煤洞蛮子数百人，始有‘龙口’之说。龙口，挖地道也。故长沙以前，尚未能破城，至长沙始用此法，城几破。……乃至武昌，遂验此法”。[①]《贼情汇纂》记载：“攻我坚城，则全恃开挖地道，特藉所掳挖煤山人为土营。”[②] “贼之攻城，以地道为得计，取开煤山之工为之，遂立为土营。”[③]

土营的建立，大大地提高了太平军的战斗力，为太平军进军南京奠定了基础。土营主要用于攻城，以矿工为主的土营官兵，擅长掘地道装填炸药以攻城，“夫贼之掘地道也，必离城数丈路，掘至城底，否则，城上易见而易防，故宜远。掘成之后，用空棺实以火药，埋在城底，而洞中悉铺棉胎稻草，将火播其上，每于夜间丢火入洞，顷刻上轰，使城崩坏，砖石俱飞，烟生迷乱，而大队遂得从缺处拥入”；[④] “开地道，多以棺材装火药……地道轰缺城墙，城上兵勇均争赴缺口堵御，贼见无人之处，遂乘间攀登，破城之处并未进贼，未破之处贼已鱼贯揉升而上矣。……当火药轰揭城墙时，破石飞扬，烟雾障天，约一炊之顷，对视不辨眉目，兵勇贼众皆耳目迷闷，相拒木立。烟雾略散，兵勇先奋则城可保，贼先登则城陷，此又一定之理”。[⑤] 土营运用这种战术，在攻克武昌、南京等城市上发挥了重要作用。“贼自湖南以至南京，遇有城池，则私挖地道，暗置地雷，以轰城墙”，[⑥] “土营之贼屡

---

① 彭泽益编：《中国近代手工业史资料》，中华书局，1962 年，第 514—515 页。

② 张德坚：《贼情汇纂》卷 4，中国史学会主编，王重民、王会庵、田余庆等编：《中国近代史资料丛刊》，《太平天国》（三）。

③ 张德坚：《贼情汇纂》卷 3，中国史学会主编，王重民、王会庵、田余庆等编：《中国近代史资料丛刊》，《太平天国》（三）。

④ 谭嘘云：《守虞日记》，中国史学会主编，王重民、王会庵、田余庆等编：《中国近代史资料丛刊》，《太平天国》（五）。

⑤ 张德坚：《贼情汇纂》卷 3，中国史学会主编，王重民、王会庵、田余庆等编：《中国近代史资料丛刊》，《太平天国》（四）。

⑥ 涤浮道人：《金陵杂记》，中国史学会主编，王重民、王会庵、田余庆等编：《中国近代史资料丛刊》，《太平天国》（四）。

次穴地轰裂坚城，陷我省会，如摧枯朽”。[①] 汉阳之役，土营“用地雷破南门，贼众冲烟突入”，[②] 武昌之役，太平军土营“在文昌门外挖三洞，及城脚，用被絮裹炮药，藏城脚洞中，以长竹凿空作引门，仍以土封其洞口如爆竹然，燃香在引门上，香尽引着火，雷发”，[③] “城墙倒塌，万众突入”。[④] 南京也是由土营挖地道来攻克的：太平军“在仪凤门外静海寺中挖掘地道一百余丈，安放地雷，用火药轰发，城墙倒塌，官兵冒死堵御，地雷连发，声振大地，城塌五十余丈，登时失守”。[⑤]

太平军水营也是在湖南组建的一支劲旅。太平军在进入湖南之前，虽有船只，但未成水军，一般只作运输人员、物资辎重之用，故蓑衣渡之战，船只遭遇江忠源部伏击，只得弃船登岸，故而辎重尽弃，大败而归。攻下湖南益阳后，征集“民舟数千”，也只作运输之用。“不知顾惜，不事修舱计，不久皆为朽板。”[⑥] 占领岳州后，又获“民舟五千余艘”，[⑦] 尤其是获得永州木材商人唐正财之后，杨秀清见其在水手、船夫中威信甚高，乃说服其加入太平军，统领其部下船工水手编入太平军，封为“典水匠，职同将军”，唐正财乃“搜括钉、铁、油、麻、竹、木、锚、缆，督工修补，焕然一新”，建立了水营。[⑧] 从此，太平军增添了水上劲旅，具备与清军水师对抗的能力。据载，“大军入湖南，见船即掳，辄载辎重，遇敌军辄弃去，不能战。自正财任水官，为之编制、备军械、定官职，教之战阵进退，水营规制粗

---

① 张德坚：《贼情汇纂》卷11，中国史学会主编，王重民、王会庵、田余庆等编：《中国近代史资料丛刊》，《太平天国》（三）。

② 懊园退叟：《盾鼻随闻录》卷2，中国史学会主编，王重民、王会庵、田余庆等编：《中国近代史资料丛刊》，《太平天国》（四）。

③ 简又文：《太平天国全史》中册，商务印书馆，1946年，第448页。

④ 懊园退叟：《盾鼻随闻录》卷2，中国史学会主编，王重民、王会庵、田余庆等编：《中国近代史资料丛刊》，《太平天国》（四）。

⑤ 懊园退叟：《盾鼻随闻录》卷2，中国史学会主编，王重民、王会庵、田余庆等编：《中国近代史资料丛刊》，《太平天国》（四）。

⑥ 张德坚：《贼情汇纂》卷4，中国史学会主编，王重民、王会庵、田余庆等编：《中国近代史资料丛刊》，《太平天国》第三册。

⑦ 杜文澜等撰：《平定粤匪纪略》卷1。

⑧ 张德坚：《贼情汇纂》卷4，中国史学会主编，王重民、王会庵、田余庆等编：《中国近代史资料丛刊》，《太平天国》第三册。

备。……迨下江南，帆船蔽江，艨艟千里，纪律井然，皆正财所手创也”。[①] 在与湘军水师的战斗中，太平军水营不断发展壮大，成为太平军的重要武装，一度将湘军水师打得一分为二，主力龟缩于鄱阳湖内。

1852年12月16日，太平天国领导人决定进军湖北。是日，太平军从岳州进发，“千舸健将，两岸雄兵，鞭敲金凳响，沿路凯歌声，水流风顺”，[②] 出洞庭湖，进入湖北，浩浩荡荡，向南京进军。从1852年6月至12月，太平军在湖南转战半年，左右进军两千里，从南到北攻克20多个州县，兵力由入湘时的不足万人发展到出湘时的15万人，且拥有土营和水营两支劲旅，为胜利进军南京奠定了基础。

太平军进军湖南的胜利，是与鸦片战争后湖南特别是湘南地区特殊的社会环境有密切关联的。湘粤商道的衰落造成湖南社会持续向下流动，社会底层人数增加且生活日益贫困恶化；底层社会活跃，社会冲突此起彼伏，培养了农民革命的深厚土壤；太平天国风云际会，与湖南社会反抗之势结合，促成太平军挟横扫两湖之势，大江东去，底定南京。

① 王文濡:《太平天国野史》，江苏广陵古籍刻印社，1993年，第365页。

② 李汝昭:《镜山野史》，中国史学会主编，王重民、王会庵、田余庆等编:《中国近代史资料丛刊》，《太平天国》第三册，第5页。

咸同时期皖西人口变迁及其原因探析

汪德华[*]　韩聪聪[**]

摘　要： 咸同时期的十余年间，皖西因地理位置重要，为清军、太平军、捻军及地方团练长期盘踞鏖战之地。境内除英山县以外，其余州县人口损失皆已过半，人口数量锐减严重。兵燹不仅对学宫书院等教育设施频繁毁坏，还造成大量的科举士子死伤惨重，皖西文风衰败，人口质量急剧下滑。面对激烈的咸同战事，清政府积极开展武科人才选拔，不仅有效减轻了战争对百姓的伤害，也促使了武风炽盛局面的形成，皖西人才结构变化明显。尽管连年战争与自然灾害是皖西人口减少的两大主导因素，但在战后官府经济移民与政治移民的不断作用下，皖西人口逐渐呈现缓慢回升趋势。

关键词： 咸同兵燹；皖西地区；人口；变迁

皖西[①]地处淮河南岸，历史悠久，人文渊薮。境内水系发达、人口密集，一直是传统社会中省内重要的农业生产基地。但咸同兵燹以来，

基金项目： 安徽省高等教育振兴计划重大项目“皖北传统文化传承创新项目”子课题“淮河文化研究”（2014SKZ01）；2019年安徽省教育厅重点项目“清代皖北异籍‘名宦’及百姓认可研究”（SK2019A0385）；安徽区域历史文化研究创新团队项目（2023AH010046）。

* 汪德华，安徽现代信息工程职业学院思政部教师，淮北师范大学历史文化旅游学院助理研究员。

** 韩聪聪，新疆和田学院马克思主义学院教师。

① 清代皖西地区在本文中界定为六安州、霍山县、英山县、寿州（时属凤阳府）、舒城县（时属庐州府）、霍邱县（时属颍州府）。参考谭其骧的《中国历史地图集》（清时期），安徽省地图，第18—19页。

清军、太平军、捻军等多方势力长期鏖战于此，这给皖西百姓的农业生产、社会生活以及人口变迁等方面造成了重大影响。目前学界有关咸同兵燹研究成果颇丰，就安徽省内而言，主要围绕着皖南徽州和皖西区域展开探讨，其中研究徽州的代表作有郑小春的《从繁盛走向衰落：咸同兵燹破坏下的徽州社会》①，皖西代表作主要有汪德华的期刊论文《从动乱到治乱：咸同兵燹时期的六安社会》② 及其硕士论文《咸同兵燹冲击下的皖西社会——以地方志为中心的考察》③，虽然上述论文深入分析了咸同兵燹对皖西社会的多重影响，但涉及兵燹与人口变迁专题研究却略显不足。因此，笔者拟对咸同兵燹时期的皖西人口变迁概况及其原因进行详细分析。

一、咸同兵燹时期皖西地区人口变迁概况

（一）皖西人口数量变迁

安徽省毗邻太平天国政权统治中心天京（今江苏省南京市），不仅是太平天国时期重要的兵粮来源之地，更是太平军与清军双方多次鏖战之地，其军事战略位置意义重大。在此历史背景下，咸同年间皖省逐渐沦为兵燹重灾区，皖西各地更是战乱不断，百姓死伤逃亡现象屡见不鲜。清军主帅曾国藩在上报清廷的奏折中就曾说道："舒、庐、六、寿、凤、定等处，但有黄蒿白骨，并无民居市镇，或师行竟日，不见一人。"④ 这里所说的"舒、六、寿"就是指皖西境内的舒城县、六安州与寿州，可见咸同时期的皖西人口数量损失十分惨重。笔者曾结合《皖省志略》《皖政辑要》所记载的安徽省人口数据，推算并总结出安徽省"自嘉庆二十四年（1819）至道光三十年

① 郑小春：《从繁盛走向衰落：咸同兵燹破坏下的徽州社会》，《中国农史》2010年第4期。

② 汪德华：《从动乱到治乱：咸同兵燹时期的六安社会》.《内江师范学院学报》2023年第5期。

③ 汪德华：《咸同兵燹冲击下的皖西社会——以地方志为中心的考察》，淮北师范大学2020年硕士学位论文。

④ 曾国藩：《曾文正公全集·奏稿》，中国书店出版社，2011年，第234页。

(1850) 人口数量自然增长率约为7.7%；而从道光三十年（1850）至光绪三十年（1904）人口数量自然增长率约为-62.5%"[①] 的重要结论，这与学者曹树基在其专著《中国人口史》（清时期）所统计的清代安徽人口自然增长率结果基本一致。[②] 此外，笔者从表1发现，清代道光三十年（1850）至光绪三十年（1904）这半个多世纪内，安徽人口自然增长率逐渐呈负增长状态，说明其人口总量剧减现象十分明显，这很大程度上也与咸同战事的持续发生有关。

表1　咸同兵燹前后安徽省人口数量统计[③]

人口统计年份（公元）	嘉庆二十四年（1819）	道光三十年（1850）	光绪三十年（1904）
安徽人口总数（千人）	34 925	37 611	14 085
人口自然增长率（%）	以此为基准	7.7%	-62.5%

同样，受咸同战事的深远影响，皖西各州县无论是在滋生人口总数上还是土著人口数值方面均有不同程度的下滑，当地人口损失现象亦颇为严重。在六安州，就曾发生"贼（指太平军）遂乘势大掠，焚杀四十余里。是役也，练丁阵亡及居民遇害者数逾千人，练首仅有存者，屠戮之惨"[④] 的凄凉景象；在寿州，更是频遭地方军阀苗沛霖的趁火打劫，其"或烧房屋，或扰耕种，或掘坟墓，或掠妇女、牲畜，令纳钱勒赎，有抗拒者，轻则戮其全家，重则屠其合族"。[⑤] 笔者现就清代皖西史料记载，并运用曹树基、王鹤

① 汪德华：《咸同兵燹冲击下的皖西社会——以地方志为中心的考察》，淮北师范大学2020年硕士学位论文，第46—47页。

② 曹树基：《中国人口史·清时期》，复旦大学出版社，2000年，第101页。

③ 表1与表2人口数据统计来源：《安徽近代经济轨迹》《皖省志略》《皖政辑要》《中国人口史》（清时期）及同治《六安州志》、同治《霍邱县志》、光绪《寿州志》、光绪《续修舒城县志》、光绪《续修霍山县志》、民国《英山县志》等有关"人口志"章节记载，版本如文，卷次从略。

④ 吴康霖：同治《十一年六安州志》，黄山书社，2008年，第467页。

⑤ 曾道唯：光绪《十六年寿州志》，黄山书社，2011年，第460页。

鸣等学者的人口史统计方法，推算出咸同兵燹前后皖西人口数量变化大体趋势，列为表2。

表2　咸同兵燹前后皖西人口数量变化①

皖西州县	嘉庆二十四年（1819）（战前人口数值）	光绪三十年（1904）（战后人口数值）	人口损失比值（%）
六安州	956 513	438 555（399 575）	54.2%（58.2%）
英山县	168 784	155 948（106 711）	7.6%（36.8%）
霍山县	423 533	149 517（112 008）	64.7%（73.6%）
寿　州	785 635	403 548（368 203）	48.6%（53.1%）
舒城县	569 105	261 961（238 904）	53.9%（58.1%）
霍邱县	708 646	289 918（255 157）	59.1%（63.9%）

从表2可见，六安州在嘉庆二十四年（1819）战前人口数值为956 513人，而在光绪三十年（1904）战后理论人口数值为438 555人，战后实际人口数值为399 575人，得出其人口理论损失比值为54.2%，人口实际损失比值为58.2%；英山县在嘉庆二十四年（1819）战前人口数值为168 784人，而在光绪三十年（1904）战后理论人口数值为155 948人，战后实际人口数值为106 711人，得出其人口理论损失比值为7.6%，人口实际损失比值为36.8%；霍山县在嘉庆二十四年（1819）战前人口数值为423 533人，而在光绪三十年（1904）战后理论人口数值为149 517人，战后实际人口数值为112 008人，得出其人口理论损失比值为64.7%，人口实际损失比值为73.6%；寿州在嘉庆二十四年（1819）战前人口数值为785 635人，而在光绪三十年（1904）战后理论人口数值为403 548人，战后实际人口数值为

① 表1与表2人口数据统计来源：《安徽近代经济轨迹》《皖省志略》《皖政辑要》《中国人口史》（清时期）及同治《六安州志》、同治《霍邱县志》、光绪《寿州志》、光绪《续修舒城县志》、光绪《续修霍山县志》、民国《英山县志》等有关“人口志”章节记载，版本如文，卷次从略。

368 203人，得出其人口理论损失比值为48.6%，人口实际损失比值为53.1%；舒城县在嘉庆二十四年（1819）战前人口数值为569 105人，而在光绪三十年（1904）战后理论人口数值为261 961人，战后实际人口数值为238 904人，得出人口理论损失比值为53.9%，人口实际损失比值为58.1%；霍邱县在嘉庆二十四年（1819）战前人口数值为708 646人，而在光绪三十年（1904）战后理论人口数值为289 918人，战后实际人口数值为255 157人，得出人口理论损失比值为59.1%，人口实际损失比值为63.9%。需要指出的是，这里各州县的战后理论人口数值是以本地土著人口数值与外来迁移人口数值之和进行计算的，而各州县的战后实际人口数值则以仅存的本地土著人口数值计算；从人口数值指标来看，历经道光、咸丰、同治及光绪四朝，皖西各地人口总数均以不同程度地急剧减少，而这种减少幅度已远超天灾因素影响所致，更可能是由于人祸战乱引发的，因此可以判断咸同战事是皖西人口锐减的主要原因；从人口损失比值来看，除了英山县，皖西其他州县的人口理论损失比值或人口实际损失比值均接近50%，同时这些州县的人口理论损失比值与人口实际损失比值误差又基本维持在10%之内，这种现象足以说明兵燹多发之地往往是人口损失严重区域，更是战后外来迁移人口数量稀少之原因所在。不同的是，英山县地处鄂豫皖三省交界之地，其境万山磅礴、重峦叠嶂，易守难攻的地势造就了闭塞安稳的生存环境，更成为众多逃难百姓的首选佳地；正如从英山人口数值、人口理论实际损失比值误差两方面指标来看，英山在皖西各县中战争死难人数最少，外来迁移人数反而最多，就充分证实了笔者上述所做出的看法与观点。以上可以肯定的是，咸同兵燹的爆发与皖西人口数量的变迁息息相关。

（二）皖西人口质量变迁

咸同年间，皖西战略位置颇为重要，自咸丰三年（1853）太平军北伐西征过境之日算起，至咸丰十一年（1861）其军事势力退出为止，其境不仅前后历经大小战役近十年之久，还相继沦为清军、太平军、捻军等多方势力的争夺对象，恰如史料所说："英、霍、潜、太，实陆军百战之区……而捻匪离合蹂躏凤、颍、六、泗，直荡平于同治七、八年之后。”[①] 经过长期兵燹之乱，不仅皖西人口数量损失惨重，大量学宫书院及考棚也遭到破坏，甚至连科举制度一度被迫中止，使得皖西教育事业萎靡不振，严重制约着当地人口质量的提升。

总体上，虽然清代皖西科举人才总数规模不及同省的徽州地区，[②] 但皖西历史底蕴深厚，既有皋陶文化与楚汉文化的深邃传承，又有桐城学派的耳濡目染，自古以来形成了人文荟萃的优良学风，在清代就涌现出一批数量可观的科举人才。从笔者结合方志梳理的清代皖西科举人才总况表（表3）就能真实地反映这一点。

表3 清代皖西科举人才总况[③]

种类	六安州	英山县	霍山县	寿州	舒城县	霍邱县	合计
进士	26（15）	17	7（2）	18（11）	16（2）	4	118
举人	95（127）	44（9）	33（11）	60（164）	72（35）	29（33）	712
生员	278	254	195	363	254	214	1 558
总计	541	324	248	616	379	280	2 388
占比	22.66%	13.57%	10.39%	25.79%	15.87%	11.72%	100%

诚如所知，教育状况是反映人口质量的重要指标。在传统社会中，一个地区学宫书院的更替兴衰、科举人才的数量多寡，无疑会直接影响到当地人

① 南京大学历史系太平天国史研究室：《江浙豫皖太平天国史料选编》，江苏人民出版社，1983年，第269页。

② 王继平：《晚清人才地理分布研究（1840—1912）》，中国社会科学出版社，2012年，第82—85页。

③ 表3—表7清代皖西科举人才数据来源：同治《六安州志》、同治《霍邱县志》、光绪《寿州志》、光绪《续修舒城县志》、光绪《霍山县志》、民国《英山县志》中“选举志”，版本如文，卷次从略；其余数据还可参见关传友：《明清民国时期皖西宗族与地方社会》，安徽人民出版社，2016年，第229页。王继平：《晚清人才地理分布研究（1840—1912）》，中国社会科学出版社，2012年，第82—85页。括号外为文举值，括号内为武举值。

口质量的稳定发展，尤其在经历长期战乱之后，这种人口质量变迁的特征会表现得异常明显。为了深入掌握咸同兵燹对皖西人口质量变迁的整体趋势，笔者结合地方志记载与相关学者研究成果，等量选取嘉道时期作为战前阶段、咸同时期作为战时阶段、光宣时期作为战后阶段，通过对这三个时段不同科举人才数量与占比数据的相关探讨，重点揭示了动乱状态下皖西人口质量变迁的历史规律。

表 4　嘉道时期（战前阶段）皖西科举人才概况①

种类	六安州	英山县	霍山县	寿州	舒城县	霍邱县	合计	占比
进士	11（6）	1（0）	1（0）	7（5）	7（0）	1（0）	39	33.1%
举人	44（47）	8（0）	7（1）	32（72）	23（4）	9（10）	257	36.1%
生员	64	36	45	85	61	76	367	23.6%
总计	172	45	54	201	95	96	663	27.8%
分布比	25.9%	6.8%	8.2%	30.3%	14.3%	14.5%	100%	

表 4 即为嘉道时期（战前阶段）皖西科举人才概况表。从总计与分布比两方面指标来看，六安州与寿州在嘉道时期的各类科举人才数量最多，分布比值最大；六安州与寿州地处沿淮平原、水运交通发达、人口优势明显，加之六安州的赓飏书院与寿州的寿阳书院前后存续近百年之久，书院教育起步较早，是皖西地区孕育人才的重要基地，这些因素共同决定了两州科举事业的蓬勃开展。从占比指标来看，嘉道时期仅占清代国祚的 1/5，但这时期的进士群体占比、举人群体占比或生员群体占比均接近于清代对应各类人才总数的 1/3，这不可不谓之为“科举繁荣”。

① 表 4“分布比”表示嘉道时期皖西各州县科举人才数与皖西科举人才总数之比；“占比”表示嘉道时期皖西某种科举人才数与对应的清代皖西某种科举人才总数之比。

表 5　咸同时期（战时阶段）皖西科举人才概况①

种类	六安州	英山县	霍山县	寿州	舒城县	霍邱县	合计	占比
进士	1（0）	4（1）	1（0）	1（0）	0	0	8	6.8%
举人	10（14）	10（2）	10（0）	14（18）	12（1）	2	93	13.1%
生员	24	28	22	50	25	30	179	11.5%
总计	49	45	33	83	38	32	280	11.7%
分布比	17.5%	16.1%	11.8%	29.6%	13.6%	11.4%	100%	

表 5 即为咸同时期（战时阶段）皖西科举人才概况表。从总计指标来看，皖西各州县科举人数普遍较之嘉道时期（战前阶段）呈现下滑趋势；其中值得注意的是，六安州与寿州因其战略位置重要，清廷专设六安卫与寿州卫等军事力量积极驻防，尤其是咸同军兴以来，表中两州武备人员数额的大幅锐减就足以说明当地兵燹战况之惨烈。从占比指标来看，咸丰同治两朝共计 24 年里皖西地区产生的进士群体占比不足 10%，举人群体占比、生员群体占比也都仅维持在 10%上下附近，对比嘉道时期（战前阶段）科举取得的繁荣硕果，咸同时期（战时阶段）的科举成绩明显失色不少。

表 6　光宣时期（战后阶段）皖西科举人才概况②

种类	六安州	英山县	霍山县	寿州	舒城县	霍邱县	合计	占比
进士	7（2）	8（1）	2（2）	2（2）	4（0）	3（0）	33	27.9%
举人	20（18）	16（6）	8（4）	22（20）	14（10）	4（2）	144	20.2%

① 表 5“分布比”表示咸同时期皖西各州县科举人才数与皖西科举人才总数之比；“占比”表示咸同时期皖西某种科举人才数与对应的清代皖西某种科举人才总数之比。

② 表 6“分布比”表示光宣时期皖西各州县科举人才数与皖西科举人才总数之比；“占比”表示光宣时期皖西某种科举人才数与对应的清代皖西某种科举人才总数之比。

续表

种类	六安州	英山县	霍山县	寿州	舒城县	霍邱县	合计	占比
生员	35	37	25	82	30	38	247	15.9%
总计	82	68	41	128	58	47	424	17.8%
分布比	19.3%	16.1%	9.7%	30.1%	13.7%	11.1%	100%	

表6即为光宣时期（战后阶段）皖西科举人才概况表。从总计指标来看，皖西各州县科举人数在光宣时期（战后阶段）较之咸同时期（战时阶段）逐渐有所回升，尚未恢复到嘉道时期（战前阶段）的科举人数水平。但不可否认的是，这时期的科举成绩虽不及战前繁荣状态，却已经呈现出明显的复苏迹象，这与光宣时期相对稳定的国内环境是分不开的。从占比指标来看，光绪、宣统两朝近40年时间仅占清代国祚的1/6，但这时期的进士群体占比却接近于清代进士群体总数的1/3，表现出良好的发展态势；同样举人群体占比、生员群体占比也都超越了咸同时期相应的占比值，并逐渐恢复到嘉道时期的科举状态。很明显，光宣时期清代皖西科举事业的积极复苏更是与当时官民文教重建举措紧密相关。

通过对嘉道时期（战前阶段）、咸同时期（战时阶段）以及光宣时期（战后阶段）的进士群体、举人群体与生员群体的数据统计分析，可以梳理出清代皖西科举人才变动表，列为表7。

表7 清代皖西科举人才变动①

人才种类（占比）	嘉道时期（战前阶段）	咸同时期（战时阶段）	光宣时期（战后阶段）
进士群体	33.1%	6.8%	27.9%
举人群体	36.1%	13.1%	20.2%

① 表7“占比”即指皖西某种科举人才群体在清代不同阶段人数与其相对应的清代整体人数之比。“人才总数占比”即指清代皖西不同阶段科举人才群体数与清代皖西科举人才总值之比。

续表

人才种类（占比）	嘉道时期（战前阶段）	咸同时期（战时阶段）	光宣时期（战后阶段）
生员群体	23.6%	11.5%	15.9%
人才总数	27.8%	11.7%	17.8%

结合表7可见，首先嘉庆、道光年间，社会承平日久、国家经济稳中有升，国内延续了“乾隆盛世”的繁荣景象，加之学宫书院等文教设施的广泛兴建，更为科举事业的蓬勃发展奠定了重要基础，这时期的皖西各类科举人数正处于峰值。而在咸丰同治年间，皖西大小战火此起彼伏，连年战乱给当地百姓生活、社会生产以及文教事业造成了严重影响，尤其是大量学宫书院与寺院坛庙毁于战火，使得咸同年间的皖西各类科举人数处于低谷期。光绪宣统年间，相对稳定的社会环境，加之官府推行的诸多重建举措，使得皖西农业经济逐渐复苏、皖西人口也开始缓慢增长，这些条件都为科举制度的顺利推行提供了有力保障。虽然光宣时期的科举成绩不及嘉道时期的好，但战前与战后的科举成绩差距正在逐渐缩小，这足以说明皖西官民振兴之举所做努力是行之有效的。

（三）皖西人才结构变迁

1. 文衰

除了上述皖西人口数量与质量变迁明显以外，连年战争对皖西人才结构变迁影响同样十分深远。正如学者陈业新曾说过：“一个地区的尚文或崇武之风，对其所产人才的类型具有很大的风影作用。所以，人才结构是衡量该地区文事、武功状况的重要尺度。”① 皖西科举人才结构主要包含两大类：其一为文举，分为文进士群体与文举人群体，地方文举之风的强弱往往通过文进士与文举人选拔数量的多少来直观反映。其二为武举，分为武进士群体与武举人群体，地方武功状况更是从武进士与武举人的选拔数值大小来深刻揭

① 陈业新：《明至民国时期皖北地区灾害环境与社会应对研究》，上海人民出版社，2008年。

露的。因此，笔者为了全面揭示咸同兵燹对皖西人才结构的深刻影响，现结合前文表 4、表 5 与表 6 中的文举值、武举值，拟作进一步的数据分析列为表 8 及表 9。

表 8　咸同兵燹前后文举群体数值变动①

皖西州县	嘉道时期（战前阶段）	咸同时期（战时阶段）	光宣时期（战后阶段）	进士/举人（总计）	分布比
六安州	11/44	1/10	7/20	19/74	31.2%/27.9%
英山县	1/8	4/10	8/16	13/34	21.2%/12.8%
霍山县	1/7	1/10	2/8	4/25	6.6%/9.4%
寿　州	7/32	1/14	2/22	10/68	16.4%/25.7%
舒城县	7/23	0/12	4/14	11/49	18.0%/18.5%
霍邱县	1/9	0/2	3/4	4/15	6.6%/5.7%
合　计	28/123	7/58	26/84	61/265	100%/100%
占　比	45.9%/46.4%	11.5%/21.9%	42.6%/31.7%	100%/100%	

首先从皖西州县文举占比数值来看，嘉道时期文进士占比为 45.9%，咸同时期文进士占比为 11.5%，两者落差值为 34.4%，高于表 7 清代同时段皖西进士群体占比落差均值数 26.3%。同样，嘉道时期文举人占比 46.4%，咸同时期文举人占比 21.9%，两者落差值为 24.5%，仍高于表 7 清代同时段举人群体占比落差均值数 23%。上述数值的剧烈变化，集中反映了咸同兵燹对皖西文举结构的严重冲击。再结合皖西州县分布比数值来看，嘉道时期的文举分布比例约为清代相应文举群体总值的 1/3，达到这时段的历史峰值；随着咸同战乱的持续影响，各州县的文举分布比例却越来越低，很显然与战争

① 表 8 数据，前为文进士人数、后为文举人数；“分布比”即为皖西各州县文进士人数或文举人数，与相应皖西文进士人才总数或文举人人才总数之比。“占比”即为皖西各个时期的文进士数或文举人数，与皖西总时期的文进士数或文举人数之比。

之前的嘉道时期峰值相比，皖西各地文风正处于严重衰退状态。

此外，学者陈业新说道："百万人口中举士数的高低，可以作为衡量一个地区文事发达与否的重要标志。"[①] 陈氏曾认为"清时期，安徽全省百万人口中平均进士数为 34 人，高于平均值的有 6 州府，低于均值的有 7 州府……百万人口中的举人数，全省均值是 154 人，全省高于和低于此值的州府各有 6 个和 7 个"。[②] 据此他将安徽举士数额划分为上、中、下游三个等级，总结清代安徽文进士"上游州府为安庆、徽州、和州和滁州；中游州府为宁国、太平、六安、庐州；下游州府为泗州、广德、凤阳、池州、颍州"[③]。清代安徽文举人"上游州府为安庆、徽州、和州、宁国；中游州府为太平、滁州、庐州、六安；下游州府为泗州、广德、池州、凤阳、颍州"[④]。笔者结合前文表 1 至表 8 及省均值等重要指标，通过对皖西州县人口与相应举士人数之间的数据整理，得出皖西各地百万人口举士数额的实际等级情况。对比陈氏结论，笔者认为六安州、英山县与霍山县的举士等级均属于中游水平；寿州（时属凤阳府）、舒城县（时属庐州府）与霍邱县（时属颍州府）的举士等级均属于下游水平。因此，从举士等级角度也能发现清代咸同年间皖西州县文风普遍呈现颓废趋势，实际上这与咸同兵燹的发生有着莫大的联系。

2. 武盛

咸同军兴以来，虽然频繁战乱导致皖西文教事业损失惨重，但是清政府扩充大量武备人员之举不仅有效缓解了战争的破坏力，一定程度上也促进了皖西武风炽盛的局面形成。笔者通过梳理表 3、表 4、表 5 及表 6，可以整理出咸同兵燹前后武举群体数值变动表，列为表 9。

---

① 陈业新：《明至民国时期皖北地区灾害环境与社会应对研究》，上海人民出版社，2008 年，第 359 页。

② 陈业新：《明至民国时期皖北地区灾害环境与社会应对研究》，上海人民出版社，2008 年，第 359 页。

③ 陈业新：《明至民国时期皖北地区灾害环境与社会应对研究》，上海人民出版社，2008 年，第 359 页。

④ 陈业新：《明至民国时期皖北地区灾害环境与社会应对研究》，上海人民出版社，2008 年，第 359 页。

表 9　咸同兵燹前后武举群体数值变动①

皖西州县	嘉道时期（战前阶段）	咸同时期（战时阶段）	光宣时期（战后阶段）	进士/举人（总计）	分布比
六安州	6/47	0/14	2/18	8/79	42.2%/34.5%
英山县	0/0	1/2	1/6	2/8	10.5%/3.5%
霍山县	0/1	0/0	2/4	2/5	10.5%/2.2%
寿州	5/72	0/18	2/20	7/110	36.8%/48.0%
舒城县	0/4	0/1	0/10	0/15	0%/6.6%
霍邱县	0/10	0/0	0/2	0/12	0%/5.2%
合计	11/134	1/35	7/60	19/229	100%/100%
占比（%）	57.9%/58.5%	5.3%/15.3%	36.8%/26.2%	100%/100%	

首先从皖西州县武举占比数值来看，嘉道时期武进士占比为 57.9%，咸同时期武进士占比为 5.3%，两者落差值为 52.6%，远高于表 7 清代同时段皖西进士群体占比落差均值 26.3%。同样，嘉道时期的武举人占比为 58.5%，咸同时期的武举人占比为 15.3%，两者落差值为 43.2%，亦高于表 7 清代同时段举人群体占比落差均值数 23%。对比表 8 与表 9 可见，清代皖西武举群体落差值明显高于文举群体落差值，上述武举数额的大幅波动，充分表明了咸同兵燹对地方武备的严重冲击。其次从皖西州县分布比数值来看，六安州与寿州武举人员分布比例最高，这是由于六安卫与寿州卫不仅为清廷沿淮河的重要军事枢纽，更是皖西军事力量的常用驻地，彰显了清廷加强地方管理的政治意图。此外，从两州武备人员参数变动发现，六安州武进士由战前 6 人减至战时 0 人，寿州武进士由战前 5 人减至战时 0 人；六安州武举人由战前 47 人锐减至战时 14 人，寿州武举人由战前 72 人锐减至战时

① 表 9 数据，前为武进士人数、后为武举人数；“分布比”即为皖西各州县武进士人数或武举人数，与相应皖西武进士人才总数或武举人人才总数之比。“占比”即为皖西各个时期的武进士数或武举人数，与皖西总时期的武进士数或武举人数之比。

18人。之所以出现这种局面，很大原因系于咸同战乱与武科废弛所致。但不可否认的是，嘉道至光宣时期共计116年，不到清代国祚的1/2，结合表3与表9数据来看，这时期产生的武进士（19人）及武举人数（229人）却分别占有清代皖西武进士总数（30人）及武举人总数（379人）的近一半比例，这充分说明咸同年间的皖西社会处于武风日盛的发展趋势。

二、咸同兵燹时期皖西地区人口变迁原因

咸同时期，皖西不仅是太平天国政权兵马钱粮的重要供应地，也是清军与太平军、捻军频繁交战区，连年战争加之各类自然灾害的发生早已让皖西人口频遭重创。但随着同治以后各地战火的平息，少量移民的迁入一定程度上却刺激了当地人口缓慢增长。

（一）战争因素

皖西地处鄂豫皖三省交界之地，远离区域统治核心，地方官府控制力较为薄弱，自古以来为兵家必争之地。咸同年间，太平军、清军、捻军等多方势力盘踞于此，军事斗争错综复杂，皖西百姓深受其难。据笔者不完全统计，仅太平军在境内发生战事次数就高达28次之多，其余势力引发战事更是不计其数。[①] 皖西六安州与舒城县不仅是当地有名的产粮大县，更是连接庐州府与安庆府的重要枢纽，因此凭借独特的经济作用与军事地位，时常为各种势力所觊觎，形成了“军队之间交战不断、地方州县反复易手”的尖锐斗争态势。特别是在咸同时期的十余年间，各方征战已经严重影响了当地百姓的社会生活与农业生产。正如曾国藩曾言：“惟安徽用兵十余年，通省沦陷，杀戮之重，焚掠之惨，殆难言喻，实为非常之奇祸，不同偶遇之偏灾。”[②] 例如，咸丰四年（1854）太平军攻克六安州，为了充足军备，积极

① 汪德华：《咸同兵燹冲击下的皖西社会——以地方志为中心的考察》，淮北师范大学2020年硕士学位论文，第28页。

② 李文治：《中国近代农业史资料：第一辑》，生活·读书·新知三联书店，1957年，第161页。

“乘胜追入苏家埠、八里滩，沿村搜杀焚掠”[①]；活跃于皖西地区的捻军则一改作战策略，乘机抢掠乡圩以补充粮草，记有“六安捻匪（指捻军）掠粮舒城桃镇”[②]；同样，地方团练苗沛霖对寿州百姓进行烧杀抢掠与无恶不作的景象，在州守张锡嘏上书给时任安徽巡抚李续宜的增援奏章中就有明确提及：“苗逆围寿，自去春迄秋，打破乡圩数十，皆不分老弱全行杀害，私派先生征收银粮……以狐假虎威之势，到处勾引积匪，令收各圩纳粮派队”[③]；受地方混乱局势影响，皖西土匪也是趁火打劫并掠夺乡里，例如“土匪倪小畚勾结钦犯余维清劫掠地方”[④]；甚至参与平定战乱的清军，即当时的官军，更是多次进行烧杀抢掠活动，其危害程度较太平军、捻军、地方团练相比，往往有过之而无不及；清军主帅纵兵抢掠现象屡见不鲜，咸丰七年（1857），官员支玉柱率领的六安勇因严重缺饷，于是自发决定纵兵“先入市抢掠铺户，并充贼劫乡村”[⑤]，此举不仅严重损害了官军在皖西百姓心目中的正面形象，更是加剧了地方斗争的乱象局势。

上述事例充分表明，清军、太平军、捻军以及地方团练、本地土匪已经成为影响当时百姓生存环境与生命安全的重大威胁。长期兵祸战乱不仅引发“六安产米之区，近日百姓流亡，田荒不耕”[⑥] 的经济破坏现象，军队烧杀抢掠更会直接导致“舒、庐、六、寿、凤、定等处，但有黄蒿白骨，并无民居市镇，或师行竟日，不见一人”[⑦] 的严重人口冲击。总之，战争必定是人口变迁的重要因素之一。

（二）灾害因素

皖西人口变迁除了与战争因素有关以外，还与晚清自然灾害的频发密切

① 吴康霖：《同治十一年六安州志》，黄山书社，2008 年，第 461 页。
② 吕林钟：《光绪三十三年续修舒城县志》，黄山书社，2009 年。
③ 曾道唯：《光绪十六年寿州志》，黄山书社，2011 年，第 459—461 页。
④ 陆鼎敩：《同治九年霍邱县志》，中共党史出版社，2012 年，第 283 页。
⑤ 中国史学会编：《中国近代史资料丛刊·太平天国》第 5 卷，神州国光社，1952 年，第 20 页。
⑥ 李文治：《中国近代农业史资料：第一辑》，生活·读书·新知三联书店，1957 年，第 157 页。
⑦ 曾国藩：《曾文正公全集·奏稿》，中国书店出版社，2011 年，第 234 页。

相关。皖西地处淮河南岸，境内土壤肥沃、水热条件优良，一直是传统社会中重要的农业生产基地。但在晚清，由于地方官府财政匮乏，境内水利设施年久失修，加之淮河流域降水不均的现实情况，以及历史上黄河多次发生“夺淮入海”的肆虐泛滥，造成淮河河床不断抬升，淮河下游入海通道或被侵占或被堵塞，使得原本成形的淮河水系出现紊乱，或旱或涝灾情此起彼伏，致使农业生产严重歉收，自然环境十分恶劣。而江淮之间特有的“梅雨”“伏旱”天气，更是加剧了地处其中的皖西水灾、旱灾、蝗灾与疫灾频发，据笔者不完全统计，清代皖西蝗灾前后共发生达 57 次之多，在仅存续 11 年的咸丰朝，蝗灾就高达 20 次，灾害不可不谓之严重，而其余灾害的发生更是屡见不鲜。①

事实上，无论是水灾、旱灾还是蝗灾、疫灾，都严重威胁着百姓的生存环境与生命安全，一旦发生重大灾情，百姓或将直接面临生死存亡。例如，清代皖西英山县曾遭遇重大水灾侵害，造成数以万计百姓流离失所，这在时任安徽巡抚裕禄的奏折中就有详细记载：“蛟洪所过之地，沙石弥望，庐舍既荡然无存，田畴亦压荒殆尽，查明被水灾区……英山三里，三万七千余人。”② 重大水灾之后，大量农田作物或被洪水淹没，或被泥沙掩埋，粮食收成往往锐减十分严重，粮食产量青黄不接，这不仅导致一些不法商人借机哄抬粮价，百姓们无力买粮，还会发生“饥毙人数多”③ 的严重局面。同样，皖西爆发“旱魃连日”等重大旱灾时，酷暑难耐的旱情早已导致大量河流干涸枯竭，甚至引发广袤农田赤地千里、粮食颗粒无收的极端现象，百姓们因饥荒死亡者不计其数。如果这些尸体没有及时处理掩埋，加之长时间高温暴晒，极易滋生疫病，会直接导致大规模瘟疫的发生，这对水旱灾害中存活下来的皖西百姓来说，又会是一个巨大的生死挑战。

此外，根据“旱蝗相继”“旱极而蝗”的潜在规律和相关学者研究成果

---

① 汪德华：《清代皖西地区蝗灾探析》，《皖西学院学报》2019 年第 6 期，第 11—16 页。

② 水利电力部水管司科技司、水利水电科学研究院：《清代长江流域西南国际河流洪涝档案史料》，中华书局，1991 年，第 993 页。

③ 安徽省地方志办公室：《安徽水灾备忘录》，黄山书社，1991 年。

表明[①]：在持续高温与光照充足的旱情作用下，会十分有利于蝗虫幼卵的繁殖成长，最终促成蝗灾的聚集爆发，加之蝗虫本身喜食农作物，农田里仅剩的口粮势必为之所啃噬，这样百姓生存处境可谓是雪上加霜。正如六安州守王所善在其申请蠲赈奏折中就详细揭示了蝗灾发生时的可怕面貌，“又据里民泣报飞蝗……竹木皆黄，粒食告匮，忽又飞蝗蔽日，虽无苗可食，而树叶并为一空。合州民命，实无一线生路……另报奇荒，早赐全恩”[②]；而当地民谣《哀江南》中也曾写道：“旱魃来游一百日，飞蝗欲夺生人室”[③]，生动形象说明了旱蝗频发对百姓生命的严重危害。

正是晚清水旱蝗疫等不同灾害的轮番发生，一方面严重破坏了农业生产，百姓生活长期处于水深火热之中，另一方面又深刻影响着社会秩序的运行，加剧了地方动乱的严峻形势，致使人民死伤逃亡现象与日俱增。可以想象，自然灾害也是人口变迁的重要因素。

（三）移民因素

皖西自太平天国运动结束至清末，一直存在着人口移民的活动迹象。学者谢万里曾总结道：“在中国这个传统的安土重迁的国度内，过去历朝的人口流动，或因战争、或因灾荒、或因任官、或因政府的政策。”[④] 通过梳理分析战后皖西少量人口迁入的实际情况，笔者认为引发这种现象的原因主要有以下两点。

其一，经济移民。皖西地处大别山区，自然资源丰富，以盛产茶叶与木材闻名，其境又有淠河、史河穿流而过，且与淮河相通，自古以来便是重要的商贸聚集地。《同治六安州志》就有记载：“省郡交会，行旅往来，货物流通……凡豫省客货，两淮引盐，皆由水路溯淠而至龙津渡……豫章东粤客由陆而至北关，即于龙津过载，顺流以往正阳。”[⑤] 正是皖西优越的经济环

① 汪德华：《清代皖西地区蝗灾探析》，《皖西学院学报》2019 年第 6 期。

② 吴康霖：《同治十一年六安州志》，黄山书社，2008 年，第 1695 页。

③ 陆鼎敩：《同治九年霍邱县志》，中共党史出版社，2012 年，第 618 页。

④ 谢万里：《试论明清人口迁移的特点》，《贵州社会科学》1999 年第 5 期，第 107—112 页。

⑤ 吴康霖：《同治十一年六安州志》，黄山书社，2008 年，第 186 页。

境，吸引着大量外地商人来此贸易定居；六安州就是徽州泾旌太三县商人的麇聚地，例如太平人程学诗“贸于六安，率同乡建会馆，置义冢”[①]，泾县、旌德商人也分别在六安建有会馆，主要以经营茶叶、钱业为主。[②] 修建会馆不仅是联络乡谊的重要精神纽带，还是维护乡人利益的主要渠道，更是商帮团体的贸易寄居场所。据笔者不完全统计，[③] 清代皖西州县会馆总数共计 29 座，寿州一地就建有 8 座会馆，分别为“山陕会馆、徽州会馆、江西会馆、湖北会馆、浙绍会馆、福建会馆、山西会馆、河北会馆”[④]，虽然这些会馆部分毁于咸同兵燹之中，但仍有部分会馆在战后艰难运行，为后来的经济移民提供了重要契机。另外从会馆角度而言，无论是皖西会馆数量还是规模均不及江浙发达地区，甚至皖西只是一个完全内陆地区，但能有这样的会馆规模已属罕见，而当地会馆命名直接表明了曾有大量外商来此商贸定居，这足以说明皖西商业辐射范围之广，更能充分印证皖西经济优势对战后经济移民的驱动力。

其二，政治移民。政治移民主要包含垦荒农民和遣散兵勇。随着太平天国运动的平息，清政府为了改变安徽全省满目蓬蒿及人员不足的残败局面，谕令皖省各地积极招徕外地民人前来垦荒。针对此景，皖省各地官府通过出台播发稻种与耕牛、无偿提供农具与房屋等一系列优惠政策，吸引了大批无地或少地农民入皖开垦土地，这些举措不仅有效缓解了战后人口稀缺的局面，还有利于推动皖省经济的复苏发展；这在战后杂志报道中就曾有充分记载：“自兵燹后户口逃亡，人烟閬若，几不国矣。其时统兵大帅乃出示广招客民，入皖垦种荒地，以补土著之不足。”[⑤]

在皖西境内，由于英山县地处大别山腹地，地势易守难攻，人口数量受战争影响较轻，加之英山具有“山产之利，倍于田畴，且开山则遍处居民”

① 东亚同文文会：《中国省别全志：安徽省》，（台北）南天书局，1988 年，第 729 页。

② 东亚同文文会：《中国省别全志：安徽省》，（台北）南天书局，1988 年，第 730—732 页。

③ 汪德华：《咸同兵燹冲击下的皖西社会——以地方志为中心的考察》，淮北师范大学 2020 年硕士学位论文，第 78 页。

④ 汪德华：《咸同兵燹冲击下的皖西社会——以地方志为中心的考察》，淮北师范大学 2020 年硕士学位论文，第 78 页。

⑤ 《振兴文教》，《益闻录》1882 年 2 月 13 日。

的地利优势，于是成为皖西官府实施政治移民的主要聚集地。同时，为了保证山林垦荒的有序进行，当地官府对外地民人特别制定了一些开垦条例进行规范管理，例如首先会对“外来无籍之徒、滥行给种”① 现象予以制止并实行官员问责制度；其次加强对开山佃民身份的稽查力度，均需“细查来历明白及有家室者，方准给佃”②，从而确保开山垦荒行为的适度合理；最后在环境承载能力之内，才会允许外来移民对英山“其余已垦成熟各山”③ 继续开垦耕种；通过对这些垦治条例的深入解读，可以发现垦荒农民已经成为当时政治移民的主要群体，地方官府也不再是单纯盲目地扩大移民屯垦来复兴经济，而是立足于地方全局发展观，以有条不紊地修订垦治细则的方式来振兴民生。

此外，在皖西政治移民中也会包含少量的散兵游勇。咸同军兴以来，清廷要员李鸿章奉命在安徽招募编练淮勇以应对太平军攻势，虽然淮勇曾为朝廷平乱立下汗马功劳，但是他们当时只是一支临时组建的军队，按照清朝制度与惯例，战争结束后必须遣散归田，所以就有部分游勇为了谋求生计，会设法放下身段跟随大量客民入皖垦荒的情况。对此现象，时人称之：“游勇虽到处皆有……尤客民所聚集，此辈大都散自营中，不安本分。”④ 同样，在太平天国战争后期，太平军军纪败坏与兵勇逃亡现象十分严重，清廷为了尽早平息动乱，对太平军采取分化与招抚政策，将部分降勇安置在皖省各县进行耕作垦荒，正如当时《申报》就有相关报道：“皖浙大吏以国课攸关，招徕客民。其间应募者，非漏网余匪，即遣散游勇”，⑤ 这段记载充分反映了当时入皖垦荒应募者之中不乏太平军将士的身影，而在皖西乃至安徽各

① 徐锦：《民国九年英山县志》，湖北省英山县志编委会办公室翻印，英山县印刷厂，1987 年，第 93 页。

② 徐锦：《民国九年英山县志》，湖北省英山县志编委会办公室翻印，英山县印刷厂，1987 年，第 93 页。

③ 徐锦：《民国九年英山县志》，湖北省英山县志编委会办公室翻印，英山县印刷厂，1987 年，第 93 页。

④ 《浙抚新政》，《申报》1886 年 9 月 24 日。

⑤ 《李鸿章上曾相》，《申报》1878 年 9 月 12 日。

地，甚至还存有“降众散处，不一而足”[①] 之说。可见，散兵游勇也是战后政治移民的组成部分。

三、结　语

咸同兵燹发生以来，皖西在人口数量、人口质量以及人才结构等方面均遭到严重冲击，连年战争早已让皖西百姓死伤惨重，大量土地无人耕作，农田抛荒现象更是屡见不鲜。而随着境内多方势力长期鏖战与火炮地雷的广泛使用，造成当地文教设施基本颓废，科举士子损失殆尽，科举制度一度重挫，深刻影响了皖西地方教育发展与人才培育环境。与此同时，清政府为了平息战乱与挽救统治，积极扩充了大量武科人才，当地文衰武盛之风日益盛行。同治以后，虽然受长期战争与自然灾害等不同因素的影响，皖西人口处于急剧锐减状态，但在清政府与地方官府的经济移民和政治移民等战后举措推行下，当地百姓数量正在缓慢回升，这为皖西战后的经济复苏与社会重建奠定了坚实的人口基础。

① 太平天国历史博物馆：《太平天国史料丛编简辑：第一册》，中华书局，1961 年，第 369 页。

晚清“假官”的情形、惩治与根源

秦　蓓*

摘　要：晚清社会中，“假官”案层出不穷，犯案者通过假冒官员、伪造官员凭札和印信等不法手段，利用官员身份所包含的特权，招摇撞骗，以达到向普通百姓随意取用物品、勒索财物、借款、骗婚、偷盗等目的。清政府为打击此类案件，在律例中制定了惩治“诈假官”“诈称内使”“诈伪制书”“诈传诏旨”等犯罪情形的条文，在实际的审理与量刑中对此类案件采取严惩之态。然而，由于“官本位”思想的深入人心、伪造文书的便利、验证身份的复杂、辨别真假官员的困难、腐败的官场和社会风气、诈骗者和受骗者文化素质低下等因素，“假官”之事在晚清时屡禁不止。

关键词：假官；冒官；官员身份

官员身份对于中国古代社会中的普通民众而言，意味着独特的经济利益、政治特权、社会地位，清代亦不例外。晚清时，普通民众可以通过科举、捐纳等方式获取任官资格继而成为官员，这两种方式虽分别被视为“正途”和“异途”，但皆为清政府所认可的获取任官资格的正常方式和渠道。然而，有犯案者不仅不利用上述合理合法渠道成为官员，反而假冒官员招摇撞骗，他们或是伪造假的官员执照和印信，或是身着假官服，凭借虚假身份以获取他人信任，继而骗取财物等。这类案件层出不穷，对晚清社会秩序和政府治理形成危害。

---

*　秦蓓，复旦大学历史学系中国史专业博士研究生。

现有关于假官问题的研究多集中于清代“诈假官”“诈伪罪”等律例和罪名的研究。[①] 本文希望从晚清假官案件的情形、类型切入，观察犯案者是如何成功伪造身份瞒天过海，他们的招摇撞骗出于何种动机；继而分析面对屡屡出现的假官案，清代律例中有无相应条文内容，晚清政府在司法过程中如何审理与量刑；晚清政府在制定律例和按照律例惩治犯案者之外，是否具备其他有效措施；最后试图讨论假官案屡禁不止的社会根源缘何而来。根据案件中受骗者的身份可以分为两类，一类是普通民众，犯案者利用民众畏惧官员的心理骗取财物；另一类则是蒙骗地方官员，犯案者或伪装钦差大臣，或假装为其他官员的亲戚，或假称自己是某官员的同乡，他们通过借钱不还、赠送楹联收取回礼、收取贿赂等手段来骗取官员的钱财。本文聚焦于犯案者欺骗普通民众的案件，就前述问题进行阐述，希望借此类负面现象为深入了解晚清中国提供独特的视角。

一、假官案情形

冒充官员者运用各种不法手段敲诈勒索、招摇撞骗，欺瞒普通民众，情形多样，可从晚清的案例中得窥其貌。

（一）假称官员以直接骗取财物

有犯案者假称自己为官员，借用官员身份直接骗取普通民众的财物。例如，光绪四年（1878），有四人去某家烟馆吃烟，四人分别声称为衙门官员和差役、家丁，他们“辅及开灯，随手掌烟钥两支、灯罩两只，反脸出门”，烟馆随即报官。报道中还提到“按日来，假官撞诈之类不一而足，月初，湖田山塘等处时有此辈招摇撞骗”，[②] 表明此类案件层出不穷。

还有人假借官员身份向他人借款。朱析假称自己是候补知县，缺乏前往

① 相关研究可参见王舜：《清代官吏职务犯罪探讨》，云南师范大学2006年硕士学位论文；杨光庆：《浅析中国古代诈伪罪的产生》，《江西科技师范学院学报》2009年第1期，第28—32页；高航宇：《清朝“诈假官”罪研究》，西南政法大学2016年硕士学位论文。

② 《假官撞诈》，《申报》1878年6月28日第2版。

任官之地的路费，并向王维荣等四人借钱，共洋银420元，王维荣等人见朱析一直没有离开此地，遂起疑心，经暗中查访得知朱析是假冒职官，于是前往追债，甚至将朱析诉至官府。[1] 可见朱析是以借款为名骗取钱财。

有犯案者假称官员，利用普通人攀附官员的心理，令受骗者提供吃穿用度。光绪二十二年（1896），浙江人洪某前往某一客栈，举止阔绰，穿着打扮十分华贵，他声称自己为同知衔分发江苏候补知县，甚至与前任某县吴大令为八拜之交，与一些官员为近亲或至交好友。众人皆认为这是谎话连篇、信口雌黄。但是当地一钟表铺店主却认为洪某所言确有其事，与洪某相交并为其提供一切吃穿用度，洪某亦坦然受之。久之，该钟表铺店主无力承担此类费用以至于欠债，于是向洪某索要相关费用。洪某不仅不归还这些费用，反而纠结无赖，威胁店主说将通过吴大令把店主“送至某署请惩”。该店主本性善良懦弱，因受此威胁甚至不敢出门。恰巧吴大令的三公子到此地，听闻此事，说明其父吴大令并不认识洪姓之人，认为此事为洪某造假，寻见洪某并质问“何年何月与我父订金兰谱，索将谱贴一观”，洪某这才不敢狡辩，后将欠银归还店主。[2] 此案中，洪某假称自己为候补官员，声称自己与各地官员相交；一开始只是吹牛造谣，当成功欺骗他人后，便开始利用他人提供的钱财物资，毫不愧疚；在他人不愿再负担后，甚至假借官员身份威胁受骗者，以逃避归还。

（二）假借官员身份提高社会地位

除骗取财物的假官之外，有些人假借官员身份以希望提高社会地位，继而实现所求。冒充官员的孟久长即是如此。孟久长原名孟广续，曾“流寓顺天、通州，后又寄籍奉天锦州府”，之后“返回兰境聘娶妻室”，他称担忧被当地人欺负，于是对外假充三品顶戴，冒称世袭官爵。光绪五年八月二十七日，孟广续发现自己的车家什丢失，马成信说他看到张九成在他哥哥马成发家寄存了一副车家什，因此孟广续认为是张九成偷窃他丢失的车家什，便

① 《假官看管》，《申报》1886年12月10日第3版。
② 《假官出丑》，《申报》1896年7月22日第2版。

纠结众人前往马成发家搜寻车家什，之后又抓获张九成，与富森布等人将其打伤。张九成始终不承认偷窃，因此孟广续等人继续殴打张九成、马成发、马成信，后又勒令三人出钱八十吊以了事。在等待马成发交钱的过程中，张九成因伤重于次日死亡。孟久长遂将其掩埋。事发后，孟久长被拿获，他仍谎称自己曾戴三品顶帽，但其执照被查出后，执照内“填写年月俱有文补痕迹”，实为假照，孟为假冒职官。[①] 孟假冒职官，始以骗取社会地位，后又借官员身份狐假虎威，残害他人，滥用私刑。

古代，在婚配过程中，官员身份有利于男性娶亲，所以有欲假借官员身份娶亲骗钱之人。光绪十七年（1891），有骗子贪图独身女性小星的财产。他托牵线人告诉小星此人乃“候选某盐大使，翩翩年少，顾影自怜，若使成为夫妇，真是一段好姻缘也”。双方相见后，小星见其“风流俏俊”，便将自己的生辰八字交给这名骗子。但是这名骗子家徒四壁，要求小星将一些重要的值钱的物品运到骗子的家中以充门面，小星此时才意识到自己所遇非良人，当即要求退婚，骗子却以拥有小星的生辰八字为由拒不退婚，小星不得已状告此人才了结此事。[②] 此案中，这名骗子欲通过结亲骗取他人财产，为此伪称自己是候选某盐大使，假冒职官，显为图财撞骗，幸亏小星识破终免于被欺骗。

（三）假借官员职权骗取财物

有些骗子假冒官员指责普通人违规违法，借此收取罚款。光绪十七年，吴江县同里镇杨某等五人得知某艘载有漏税货物的船只即将经过同里，遂冒充巡丁，假称是奉汛地官的命令捉拿偷税漏税之人并扣押该船。该船主信以为真，于是取十二尊番佛作为贿赂以便通过。杨某等人此次得手后，得寸进尺。杨某本人直接冒充汛地官，扮成汛地官的模样；其余四人扮成随行的差人，两人在前提灯引路、手拿小竹板，两人在后负责携带马车、水烟袋和皮交椅。他们五人在每日二更后去往各处巡查，威吓、责骂过往的乡民，并以

① 《光绪七年三月十二日京报全录》，《申报》1881年4月22日第4版。

② 《金台纪事》，《申报》1891年9月17日第1版。

犯夜之罪责罚过往之人一百板或数十板，甚至在惩戒后搜刮乡民的物品。乡民大多不敢争辩，任这些无赖将银钱、货物搜刮而去。此情形持续数天，有十多人受害。

直到该镇金某当面质问真正的汛地官朱千戎，为何在惩罚犯夜的乡民之后还肆意搜刮乡民的财产、货物。朱千戎十分困惑，因为这些时日他不在本地当差，声称“弟蒙差委出境已数日矣，令日才销差回汛，何得有查夜之事？既非孙悟空，讵有分身术耶”。他仔细询问金某和受责罚之人，杨某等人的恶劣行径才得以暴露。杨某等五人被送往吴江县署惩治，被责罚数百板且连枷示众。[①] 杨某等人伪装为汛地官，随意打骂和责罚路过乡民，是借汛地官之职权，并滥加使用，受骗之人迫于汛地官之威势皆不敢言。

（四）冒充官员与民众进行钱权交易

有些假官声称自己可以提供一些官场、诉讼中的便利，以此诓骗，现举两个例子来说明此情。一是在光绪十五年（1889），有一浙江人王云山声称自己是官员，与某道、某府、某县的官员皆为亲友。此时恰有一人身陷诉讼之中，王云山声称若此人交银洋十元即可替此人说情，然而他并未实行。太守讯问此事并查阅王云山的身份，发现他实际是伪造自己的名片、履历假冒官员招摇撞骗，王云山因此被罚重笞并荷枷三日游街示众。[②] 二是杭州在光绪二十八年（1902）亦发生了类似的案件。扬州人某门丁得知去年余杭县某家发生一命案已私下解决，该门丁冒充委员前往余杭县某家，声称“此案现经人告发，省宪特派某大老爷来此访理，我主人性极仁慈，尔速到省调处，便可无事，否则恐不免荡产倾家矣”。这家人十分惊骇，设法斡旋，愿出二百元洋银以了结此事。该门丁不答应，直到这家人又追加银洋才应允此事。恰好在交易过程中，地保听闻此事并报官，该门丁的真实面目才被揭穿。[③] 这些骗子利用官员的权力、职能以及附加的优势和便利，允诺为民众

---

① 《假官撞骗》，《申报》1891 年 8 月 31 日第 9 版。

② 《假官荷校》，《申报》1886 年 4 月 5 日第 3 版。

③ 《假官败露》，《申报》1902 年 5 月 10 日第 2 版。

办事，收取一定的费用，招摇撞骗。

有人假意宣称可以为提供钱财的人提供衙门内的工作。光绪十一年（1885）发生的一件诈骗家丁的案件：宁人某甲及张某告知一名家丁，称有一江西人萧某将赴任震泽县知县，已经领取凭据，顺道来沪，但仍缺少资金，需银洋五六百元，且他还缺少一名家丁，若有家丁能替萧某筹措资金，则可带此人一起赴任且委派以美差。此名家丁回应说可以筹措一部分资金但无力承担全部，某甲则带此家丁拜见萧某，将部照文凭交给该家丁查阅，该家丁的友人怀疑这是诈骗，认为他们可能是假官，此名家丁因此对筹措欠款一事有所犹豫。几日后，他在茶馆撞见某甲等人，与其争论且质疑某甲等人的身份。随即有其他人告诉他，萧某在县署拜客，家丁听到此事，认为萧某确实是真官，他担心得罪县官，于是前往县署希望向县官及萧某等解释以免获罪，但县官莫大老爷得知此事后，认为萧某等人实属诈骗，将他们带到县署审讯。但此时该家丁已经被坑骗去银洋百元。[①] 该案中，假官萧某和某甲等人冒充官员，伪造执照，欺骗家丁，为家丁许诺未来的工作和收入，以此骗取他的钱财，在家丁有所怀疑后，他们又安排托儿来告知该家丁萧某与县官的关系，吓唬他并试图增加萧某身份的真实性，幸得该家丁最终报官，才免去更多的损失。

（五）假借官员形象掩盖偷盗之事

在前述冒充官员骗取财物和骗婚等案件之外，还有些人假冒官员身份是为掩盖其偷盗之事，他们利用普通民众和商人畏惧官员的心理和立即回避的态度，身着伪造的官员服饰，假充官员以威吓他人，从而行偷窃行为。同治十三年（1874），益丸药店被窃即是因为有穿着官服之人入内行窃，“段戴官宪之头衔、服官之服、仪官之仪”，以致该店在被窃后无人敢追赶呼叫，当事者则没能及时发现，小偷从容离开现场。这一夜，该地还发生假官身着官服入室行窃案，有窃贼四人戎装武服，手持灯笼，上书“巡查”字样，另有一人“头戴五品顶帽、身穿玉色湖绉皮袍、芝貂袖头、佛青缎、狐腿马

① 《冒官撞骗》，《申报》1885年9月9日第3版。

袴、缎黑行靴”，状似武弁巡街。当时守夜的更夫稍有延迟，这些窃贼便生气地笞其四十板才离去，更夫甚至未敢仰视窃贼。随后，四人在被窃者房外望风，另一人进入房内搜捡和盗窃财物，房内主人被惊醒，但此人不仅毫不慌张，还召唤其余四人进入房内假装巡查，主人十分惊讶以至于不知所措，放任五名窃贼离去，随后主人才意识到他们是窃贼。①

光绪十八年（1892）也发生过类似的事情，钟某假称武弁，实则暗中行窃，在多地犯案后被官府抓获并收缴赃物。② 同年，《申报》载英租界又查出一盗贼，此人冒充职官暗中行窃，终被查获并被遣返回原籍。③ 有些盗贼更为胆大无耻，冒称官员，继而在商铺内假称自己丢失物品，要求商铺赔偿，讹诈店主。光绪四年（1878），苏城阊门内中市一带有一则告示，要各商铺注意有假官声称失窃以讹诈商铺事，此名假官身着带有“某营某处水陆官军”字样的衣服，随带兵勇，佯装在绸缎庄等商铺内挑选货物时丢失手巾包，威吓店主，要求赔偿，甚至召唤兵勇威胁店主，店主不得已，只得赔钱了事，经过店主的调查，这些人实为恶意讹诈勒索。④ 官员身份使得普通民众心生畏惧，因此有不怀好意者假借官员身份向普通民众坑蒙拐骗，被骗者不敢反抗、推拒或者无法及时分辨真假官员，最终骗子成功借此身份进行偷窃。

（六）骗中骗

还有冒称假官的人本欲欺骗他人，反被识破，甚至被讹诈。光绪二十二年（1896），有一叫王明的人戴蓝顶花翎乘骏马到达中州会馆，声称自己是“光绪癸未科武传胪充三等侍卫当差”，“今春选授德安参将”，还带有两名练勇，“次日往拜当道及乡亲”。然而当地会首查阅《缙绅录癸未武传》，实与王明所声称的籍贯等信息无法对应。交谈中，王明无法回答会首提出的乡榜科分等问题。地方乡绅认为王明身份存疑，皆不愿与其结交。但是龙堂寺

① 《贼扮委员》，《申报》1874 年 3 月 4 日第 2 版。

② 《假官受责》，《申报》1892 年 8 月 21 日第 3 版。

③ 《奸人就获》，《申报》1884 年 12 月 3 日第 2 版。

④ 《申禁串诈告示》，《申报》1878 年 10 月 9 日第 3 版。

酒肆主辛某不知此事，与王明相谈甚欢。王明称自己尚未娶亲，希望辛某替其寻觅。辛某承应下来，王明便赠与辛某一副总功牌，误填“把总”为“八总”。辛某不识字，得此牌后喜出望外，前往寻友徐某见证，徐某看到牌子之后大笑，辛某这才知道被骗了，但两人于次日打算质问王明时才发现王明在早晨已经匆忙逃离。徐某之前见过王明的马，十分喜欢，于是当下与辛某约定，“此固冒充官长者，试追回之，可以发财，子得其行囊，余得其马足矣”。二人追得王明后声称“余昨为尊公访得一亲事，并言携之上任前途已心许矣，盍返谋之”，王明毫不怀疑，非常开心，立刻与二人返回会馆。几人在会馆中，王明又向辛某继续许诺，辛某中途离席，此时徐某厉声吓唬和欺骗王明：官府已得知辛某用“八总”的假照，辛某已被抓捕并被追问假照的来历，“汝既冒充官长，又遗害乡亲，行当捆送归案”。王明当即脸色大变，徐某继续咆哮追问并扣押王明的衣装和马匹，王明随后偷偷逃跑，此前跟随的练勇也不见踪影。① 这件案子中，王明本是假冒官员，甚至送给他人假牌照，并要求别人替他介绍姻缘，但是被骗者在识破后，没有报官，反而讹诈王明的衣物、马匹，王明反被欺骗，可谓是“偷鸡不成蚀把米”。

冒充官员者，行骗的手法多种多样，冒充的官员名称亦任意选择，只要便于骗取财物，则可随意撒谎骗人。他们欺骗普通民众，招摇撞骗，或混吃混喝，或敲诈勒索，甚至滥用私刑，甚至利用官员身份骗取婚姻。普通民众大多无法拥有甄别真伪官员的能力，并且大多十分畏惧官员，对官员予取予求，大多在被骗之后才能发觉。

二、晚清政府对假官案的惩治措施

面对层出不穷、情形多样的假官案，晚清政府亦试图采取相应的法律和行政手段打击犯案者，下文从清政府关于假官案的立法、司法以及警示手段进行梳理。

① 《假官败露》，《申报》1896 年 6 月 30 日第 1 版。

（一）清政府关于假官案的立法与司法

清代适用于假官案的刑律条款主要有以下四项。[①] 一为针对诈假官惩治的法律条文。《大清律例》规定，凡是伪造官员凭札或文凭假冒官员者，处以斩（监候），知情而受假官之人，连坐，杖一百、流三千里（因为非本人伪造凭证，所以量刑减等）；若没有伪造官员凭证但假称自己为官员者，或有所求取，或诈称官私差遣以逮捕他人，或假装现任官员有所求取，杖一百、徒三年；如果假称自己为现任官员的亲戚，如子孙、弟侄、家人等，借此假身份有所求取，杖一百，从犯加罚一等；如果利用伪造的官员身份获得财物，杖一百，从犯减一等受罚；若诈骗且犯有窃盗，从重处罚，知情且听任假官诈骗者，与假官同罪，不知者不连坐。[②]

二为适用于诈称内使等犯罪行为的法律条文。《大清律例》规定：凡是凭空捏称内使等官（如内部六科、六部、都察院、监察御史、按察司官）之人，即使没有伪造官员凭证，亦当斩（监候），知情并随同之人，当减一等（杖一百、流三千里），若知其诈称内使官者，与从犯同罪（杖一百、流三千里），不知者无罪；若（本无符验），诈称使臣乘驿者，杖一百、流三千里，从犯减一等受罚；若驿官知晓其诈称官员，则与其同罪，若不知情但无盘问，笞五十。[③]

三是关于诈伪制书犯罪的法律条文："凡诈伪为制书，及增减者，皆斩；未施行者，绞。传写失错者，杖一百。诈为六部、都察院、将军、督抚、提镇守御紧要隘口衙门文书，套书押字，盗用印信，及将空纸用印者，皆绞。察院、布政司、按察司、府、州、县衙门者，杖一百、流三千里；其余衙门者，杖一百、徒三年；未施行者，各减一等。若有规避事重者，从重论。其

① 《大清律例》于清乾隆五年成为基本律典，"假官案"相关律例条文自乾隆后基本无变动（参见高航宇：《清朝"诈假官"罪研究》，硕士学位论文，西南政法大学，2016年）。本文研究时段为晚清时段，因此本文此处律例内容直接选取《钦定大清律例》版本中相应部分。

② 《钦定大清律例》卷32，海南出版社，2000年，第88页。

③ 《钦定大清律例》卷32，海南出版社，2000年，第90页。

当该官司知而听行，各与同罪。”①

四是针对诈传诏旨犯罪的法律条文：“若诈传一品、二品衙门官言语，于各衙门分付公事，有所规避者，杖一百、徒三年；三品、四品衙门官言语，杖一百；五品以下衙门官言语者，杖八十；为从者，各减一等。若得财，计赃，以不枉法；因而动事曲法者，以枉法，各从重论。”②

《论本报纪假官解省事》中对各项惩治假官的法律条文进行了一定的阐释和说明：凡是伪造诸衙门印信及假冒边防官员、事关军机要务、冒支钱粮、假冒官职干涉法纪等人，拟处以斩立决，从犯拟处以绞刑（监候）；若无关军机要务、钱粮、假冒官职干涉法纪等，行骗者只是骗取财物，多为按照大清律例处以斩监候，从犯杖一百、流三千里；如果行骗者骗取的财物为数不多（银不及十两、钱不及十千），为首者杖一百、流三千里，从犯则根据其知情程度和取用情况而减一等受罚。此外，若授予他人假的官职，处斩；若无官而诈称有官且有所求取，或是假冒官员逮捕他人，或是冒充真正的现任官员，皆杖一百、徒三年。③

下文将借助案件观察司法过程中的审理与量刑。事实上，在各类惩处假冒官员的案例中，按律惩处甚至是从重处罚实为常态，以下几例皆可证明。

在王云山一案中，他伪造官场往来之信札及名片、履历，声称可以替受害者在诉讼中提供方便，牟取财物，但最终被识破。④ 在审判中，太守谓：“……王云山播弄神通，假官索诈，重笞外，再行荷枷三日，游街示众。”⑤本案中，王云山伪造官员身份的证明，坑蒙拐骗，太守不仅将其重笞，还令其游街示众，严惩冒充官员之人。

光绪三十二年（1906）时，曾有“破获冒称江督札委来苏查办堂务之假官王祖光”⑥ 一案，他从告示上挖下字迹以伪造委札、关防等物，根据大

① 《钦定大清律例》卷32，海南出版社，2000年，第82页。

② 《钦定大清律例》卷32，海南出版社，2000年，第83页。

③ 《论本报纪假官解省事》，《申报》1899年11月18日第1版。

④ 《假官荷校》，《申报》1886年4月5日第3版。

⑤ 《假官荷校》，《申报》1886年4月5日第3版。

⑥ 《假官收监苏州》，《申报》1906年8月25日第9版。

令对此案的调查结果，“兹悉大令查检护犯在同吉祥客栈所存之皮箱内并无伪刻关防印信，惟京内、外诸大员之片戮甚多，讯以何来，供称‘均系自刻，希图招摇撞骗’，大令遂拟以监禁十年，先于初五将该犯枷号头门示众一日，然后收禁内监（且）”。[①] 最终该案犯被判以十年并游街示众一日。

除此之外，值得注意的是，有的案件在实际审判中会区分“充假官”和“诈假官”之不同，会根据犯案者不同罪行径行判决。例如，光绪二十年（1894）所发生的一则案件。

此案，顾洛天因李天爵家道殷实，纠王鸿逵捏造账据，假称职官，向李天爵讹诈未成，捏造李天爵听从惯讼赵玉堂抗债不还、丁差捕厅勾串刑逼等情索令，王鸿逵并诳其母王徐氏先后赴道赴京妄控。查该犯王鸿逵假称职官有所求为，仅止空口捏称，并未假冒顶戴，与实在诈假官者有间，即从重照充假官问拟，亦不过发近边充军，惟其局诈不遂砌词妄图使李天爵讼累经年，身遭官押，案内牵连人证亦多，实属生事扰害，虽无行凶情事，惟其阴谋诡计中伤无形较之无故逞忿行凶者情尤可恶，自应从重按照凶恶棍徒屡次生事行凶无故扰害良人例，拟发极边足四千里充军、至配杖一百折责安置、左面刺“烟瘴改发”四字；王鸿逵从顾洛天捏造账据，假称职官，讹诈李天爵未成，砌词诬控，应于顾洛天所得重罪上减一等，杖一百、徒三年，至配折责拘役，遵照新章办理；顾洛润两次随同索账，其于顾洛天等设局讹诈并不知情，惟不审虚实，辄行随往，究有不合，应酌照不应重律，拟杖八十择责发落。[②]

此案中，顾洛天与王鸿逵虽有假冒职官事，但并非伪诈假官，却因其扰乱社会秩序，坑蒙拐骗，恶劣影响较大，因此被从重惩处。

（二）警示

在利用法律手段惩戒和恫吓犯案之人外，清政府及各地官员还为阻止此类问题的出现而公开告示，一方面可以警告和威慑不法分子，希其安分守

① 《假官定罪苏州》，《申报》1906年8月27日第17版。

② 《光绪二十年三月初四日京报全录》，《申报》1894年4月18日第13版。

己，另一方面提醒广大民众保护好个人财物、防止假官诈骗。

光绪二十二年，刘岘帅要求各地严厉打击假冒官员之人及招摇撞骗之事：

> 奉两江总督部堂刘札开照得本部堂前次莅任之时，因恐有不法匪徒随处招摇撞骗以及捏写荐书、营求馆地差事，当经通饬示禁，查拿在案，兹日久玩生。复又访闻近有游匪冒充文、武职官，在外招摇撞骗，甚至假冒本部堂子弟、亲友以及巡捕差官，或窃取名片，或私刻图章、捏写假书，向各署、各营及各局卡图谋差使，告贷川资等事。实属胆大妄为，深堪痛恨，亟应复行通饬示禁，严密查拿，合行札司即便饬属遵照，倘遇有前项情事，无论真伪，立将其人拘禁，一面禀候提解来辕，究惩决不宽贷……①

上海县也曾明令禁止假冒官职之事，向冒充官员者发出警告，并要求各执法人员严加查处、打击和惩罚。光绪二十七年（1901），上海县发出下述通告。

> 上海县正堂汪为出示谕禁事，照得文武官职乃国家酬庸之典，名器攸关，岂容奸民假冒？乃近来世俗浇漓，人心日伪，或用顶戴以示光荣，或妄称职官以图撞骗，或购卖空白牌札任意乱填，或顶替他人姓名蒙混差使，种种作伪，愈出愈奇，实属指不胜屈。不知假冒职官例禁綦严，当此澄叙官方之时，断难容其淆混，除通饬各属严密查拿外，合行出示晓谕严禁为此示，仰各邑军民人等一体知悉。自示之后，务各安守本分，无再混行假冒致于法纪。其有买受他人及空白奖札、牌照冒名顶替者，如能赶自检举，将牌札各件呈缴销毁，并准宽免追究，倘仍执迷不悟，一经查觉，或被人举发即尽法惩办，决不宽贷，其各凛遵毋违特示。②

① 《示禁假冒》，《申报》1896年10月27日第2版。

② 《澄叙官方》，《申报》1901年8月20日第2版。

上海县告示称，近来世风日下，有人通过获得顶戴以展现荣光，有人假冒职官以欺诈，有人买卖空白牌札任意填写信息，还有人顶替他人蒙混差事，此类事例屡禁不止，因此提醒百姓众人勿受欺瞒，警示作乱之人别再继续招摇撞骗。

晚清政府从法律和行政两方面皆旨在警示犯案者、打击假官案，即便如此，假官现象仍频发，《申报》中即载有不少假官案件，因此本文试图讨论假官案屡禁不止的危害及缘由。

三、假官之案屡禁不止的危害及缘由

（一）危害

虽然清代政府积极打击假官案，然此类事件仍屡禁不止，假官案的层出不穷阻碍晚清社会的有序发展。首先，这对官员形象和政府管理形成负面影响。官员的一举一动代表着官员群体和政府的形象，假官凭借真正的官员身份拥有的特殊权力、官员职能而肆意借用普通民众的钱财、收受民众的物品，这将败坏官员群体的集体形象。前述吴江县同里镇杨姓等五人冒充当地的汛地官惩戒和责打犯夜的百姓，甚至搜刮百姓身上的所有财物，显然是利用汛地官的权力和职能恶意掠夺百姓的财产，这对汛地官的形象产生了十分恶劣的影响，当地乡绅不得不出面建议真正的汛地官不得再行搜刮百姓的东西："犯夜受责，固分所当然，至于搜检身畔零物，似可不必，倘以后再有搜出银钱等之物，饬贵差原璧归还也。"[①] 况且，假官在违反诈假官这一条律例外，通常还会罔顾其他律例，数罪并犯。例如，孟久长为抬升社会地位假冒官员，但是又利用这一身份肆意绑架和殴打他人；扬州某门丁冒充委员，恐吓已私了的案件中的当事人，要求该当事人出洋银二百元了事，若该门丁为真的官员，这种行为可算作是恫吓他人收受贿赂。[②] 可以看出，这些案件中的种种行为都削弱了官员的良好形象、律例的有效性、政府的公信

① 《假官撞骗》，《申报》1891年8月31日第9版。

② 《假官败露》，《申报》1902年5月10日第2版。

力，危害了晚清政府的管理。

其次，这些假冒官员的行为危害社会经济、败坏社会风气。一方面，这些冒充官员、假冒官职的骗子大多游手好闲，“此辈之所以为此者，大都以游手无业，糊口为难，文不能书，武不能骑，游惰既惯，并不能作工推车以及一切小本营生以自谋口食，加以所交匪人，渐入其党遂至以拆梢为生计，一若舍此之外，别无可以执业之事，明知三尺具在，一经获案，枷责不免，而若辈仍愍不畏法”①。他们不去选择正当的职业，如经商、务农或科考等，而是为谋生行违法之事。虽然这些骗子具有一定的聪明才智，但是他们将全部心思用于招摇撞骗，“夫人之智虑千变万化，用各不同，用之正则正，用之邪则邪”②。他们如此做法不利于自身的前途和发展，甚至身陷缧绁，触犯刑章，枉自浪费生命，再无未来可言；并且他们的这些行为是抢夺和骗取他人合理合法获得的财产，令受骗者蒙受损失，破坏了晚清社会的秩序，不利于社会经济的发展。

另一方面，他们的行为败坏社会风气、危害社会治安，有些假官是在偏僻之地欺骗孤陋寡闻的民众，利用这些普通人惧怕官员、无法辨识真正的官员或是希望结交官员等心理和行为，设计欺骗钱财，危害当地治安。如光绪四年（1878）《申报》的报道曾提醒民众、商铺注意湖田山塘等地的假官撞骗以及这些假官凭借伪造的官员身份随意取用商铺的物品等现象，这表明假官群体的恶劣行为危害当地正常的生产经营活动。同时，骗子们冒充官员、假冒职官、伪造官员执照和印信、私制官服等行为，更是触犯了清代律例，产生了恶劣影响。

（二）缘由

假官欺骗普通民众的案件在晚清时期层出不穷存在多方面的原因。首先，“官本位”思想深入人心，普通民众对官员存有畏惧或攀附之心。假官通常会利用普通民众对于权力的惧怕和攀附的心理，利用利益诱惑被骗者或

① 《论假官撞骗》，《申报》1885年9月12日第1版。

② 《论假官撞骗》，《申报》1885年9月12日第1版。

是凭伪造的官员身份恐吓对方，从而达到自己的目的。一方面，普通民众在面对官员时，自然而然会心生畏惧和崇敬之情。在官员面前，普通民众多表现为顺从和接受，不敢违背和反驳官员的意见和要求。冒充官员的人利用官员与普通民众不平等的社会地位，利用官员身份的威慑力，欺压百姓，骗取财物。光绪四年，苏城阊门内中市一带，曾有假官在商铺内假装丢失钱包，“顿刻去肆咆哮，吓逼赔偿”，要求店主赔偿其损失，讹诈店主，“店主恐其生衅，当即隐忍劝阻，自愿照数赔偿”。[①] 除此之外，前述光绪十七年（1891）杨姓等五人假装汛地官之案中，他们坑骗过路船只，甚至扮作汛地官模样巡查，责打犯夜之过客，搜刮银钱、货物。[②] 普通百姓在面对官员时，自觉低人一等，凡事尽量以忍气吞声、低调了事为主。某些假官即利用此一情形敲诈勒索，坑蒙拐骗。另一方面，被骗者对官员有所求取和攀附。前文中冒充震泽县知县的萧某欺骗某家丁可以委派美差，光绪十五年（1889）王云山案中，他声称可以替受害者在诉讼中提供便利。这些案例中，受骗者皆希望从官员手中获得一定的便利和特权，继而受到欺骗。

伪造官员身份的便利性导致晚清假官案层出不穷。冒充官员者中，有些只是口头上称自己是官员，招摇撞骗，并无实据；有些假官则会通过伪造官印、信件、凭证等方式和手段来假冒官员身份。如前述王云山一案中，王云山伪造官场往来之信札及王自己的名片、履历等，以资证明，获取他人信任。[③] 王祖光冒充知县案中，他“私自起意挖补关防、伪造札文，向营弁凌秉忠、沈葆义处诳骗钱洋”[④]，伪造札文，是欲借此展示王祖光本人身份的真实性，从而使得被骗者放下戒心。伪造凭证可以增加假官官员身份真实性在受骗者心中的可信度，而伪造成本却并不高。如王祖光案中，大令讯问王祖光，其委札、关防由何处而来，“答称‘从告示上挖下填补’”[⑤]，伪造成本极低，手段并不高明，但确确实实可以蒙骗成功。因此不少假官都会采取

① 《申禁串诈告示》，《申报》1878年10月9日第3版。

② 《假官撞骗》，《申报》1891年8月31日第9版。

③ 《假官荷校》，《申报》1886年4月5日第3版。

④ 《假官案已定监禁十年苏州》，《申报》1906年10月4日第4版。

⑤ 《郎军门破获假官苏州》，《申报》1906年8月22日第2版。

这一方式来蒙骗受骗者。

验证身份的复杂性使得假官撞骗屡屡得逞。晚清时，查验一个人的真实身份的步骤较为烦琐和复杂。若此人为外地人，通常需要通过前往此人原籍，查阅与其相关的族谱、家谱，或与原籍地方官员进行联络验明身份，抑或是通过查阅缙绅录来确定官员的身份，也可联系案发本地的同乡官员以查证身份。若为当地人，仍需查阅其家谱、族谱等。官员身份，通常则需要官服、官印、凭证等以资证明。从前文所列举的各类案例中可以看到，查明犯人的来源，有时只是通过审问犯人，由犯人口供获取信息。显然这种查证身份的方式无法完全验证犯案者身份。以上过程皆可说明，查证一个人的身份需要耗费大量的时间和精力，所以这为不法分子假装官员坑蒙拐骗留下了一定的空间。在身份查验制度中存在的漏洞，也使得及时查证真实身份这一目的难以实现。

辨别真假官员的困难性令普通民众容易受到欺骗。证明官员身份的凭证，虽有官府特殊的防伪标志，但对于普通民众来说，辨别真假却并非易事。普通人通常难以接触这些文件和凭证，并不了解真实的官员身份的印章和凭证应当是何种形制和范式。况且，被骗之人大多缺乏识别真假官员的能力，有些受骗者甚至不识一字，缺乏文化素养，他们无法读懂和识别假文书、假印章，或未曾见过几位真正的官员，无法确认所识官员的真正身份，只能听凭假官的吹嘘和蒙骗。

前文中有骗子显系假官，地方官员和乡绅通过查阅缙绅录得知此人为冒充官员，拒绝与其结交往来，但是普通百姓无法得知这一点，反而被骗子吹嘘的身份所蒙骗。例如，王明假冒官员一案中，“龙堂寺酒肆主辛姓，亦汴籍，时往会馆游逛，得晤王（明），与谈甚欢”，辛认为王明确实是官员，愿意帮助王明娶亲，因此王明赠送辛把总功牌一副，但可笑的是“误填‘把总’为‘八总’，辛素不识一丁字，得此喜出望外”。[①] 本案表明一些看起来特别简易低级的伪造招数仍可用于欺骗且成功，不少民众缺乏辨别代表官员身份的凭证、文书、印证等真伪的能力。因此，当假官展示伪造的印

① 《假官败露》，《申报》1896年6月30日第1版。

章、文书、书信等内容时，非常容易蒙混过关，增加了假官行骗成功的可能性。

骗子群体大多素质低下也是催生这类问题的重要因素。骗子们文化程度低，道德底线低下，对律例知之甚少。有些人虽然有一定的聪明才智，但未曾用于正道。正如时人所论："夫人之智虑千变万化，用各不同，用之正则正，用之邪则邪。意萧某者，既非下贱之人，而又颇觉浏亮，苟能用其聪明于正路，则亦未始不可为有用之才，乃独不用于正而用于邪，欲思藉此以诳人财物，今财未到手，而事机已泄，身受缧绁，名犯刑章，是亦何利之有哉?! 萧某已矣，其代为招雇之人，不知其是否同党，然一经牵涉，亦且为其所累，此则择交不慎之故而悔将何及耶!"①

晚清时，腐败的官场风气和社会风气亦催化这类问题频频发生。官场风气污浊，行贿受贿亦时有发生，有时甚至是心照不宣，假冒官员者常常利用污浊之风，招摇撞骗。例如，光绪十五年王云山案②和光绪二十八年扬州门丁假冒官员案③，他们假冒官员，凭借官员身份所享有的权利，恫吓他人和收受贿赂。另外，清代赴各地上任的官员需要自行准备行李、车马，打点各级官吏，所需费用不菲，这对于富有之人自然不是问题，但若是贫穷之人则不得不设法多方筹措，他们或是借钱，或是获取他人赠款。愿意为这些赴任的官员提供借款的人，一方面包括富人，他们放债或是赠与给赴任的官员；另一方面包括门丁、长随等，他们给这些赴任的官员提供资金，是为了充当这些官员的家人或长随，以期在官员到任后获得美差。④ 前述萧某假扮震泽县知县案⑤和朱析假冒候补知县案⑥，朱析和萧某都声称自己是即将赴任的县官，但缺少赴任所需的费用，朱析是向当地人借钱赴任，萧某则是向某门丁索要钱财并允诺为该门丁委派美差，他们利用清代官场中的不良风气和陋

① 《论假官撞骗》，《申报》1885 年 9 月 12 日第 1 版。

② 《假官荷校》，《申报》1886 年 4 月 5 日第 3 版。

③ 《假官败露》，《申报》1902 年 5 月 10 日第 2 版。

④ 经君健：《清代社会的贱民等级》，中国人民大学出版社，2009 年，第 91—92 页。

⑤ 《冒官撞骗》，《申报》1885 年 9 月 9 日第 3 版。

⑥ 《假官看管》，《申报》1886 年 12 月 10 日第 3 版。

规假冒官员以骗取钱财。

总之，晚清假官之案频频发生，假官员们为达到骗取财物、抬高自己的社会地位等目的，不惜违反清代制定的严格律例，或是冒充真官员，或是伪造假官印、假印信、假官服，或是团伙作案骗取他人钱财，情形恶劣。清政府为打击此类案件，在清律例中制定了严格的条文，在执法过程中亦采取严惩之态，甚至借助报刊等媒体提醒普通民众、警示作乱之人。然而由于晚清社会中“官本位”思想深入人心，“官员身份”的拥有者意味着在社会中拥有许多潜在的利益和权势，同时伪造文书的便利、验证身份的复杂和辨别真假官员的困难为假官招摇撞骗提供了条件，腐败的官场和社会风气推波助澜，加之许多诈骗者和受骗者文化素质低下、道德素养欠缺，“假官”在晚清社会中屡禁而不止，对晚清社会的安定和发展造成威胁，更是凸显出晚清政府的管理混乱和社会积弊。观照当代社会，同样存在招摇撞骗之现象和案例，探究和反思晚清假官案的社会根源和应对措施，对现代社会治理和惩治此类案件也可提供一定的历史参照。

启蒙与实践双重变奏下的中国红十字会前史

池子华 *

摘　要：在经历了30年漫长的启蒙宣传与实践探索双重变奏驱动下，1904年3月10日中国红十字会孕育而生。在此期间，《申报》等新媒体不遗余力传播红十字文化；孙中山、孙淦奔走呼吁推波助澜；来华外国人的红十字救护“示范”令人人耳目一新；陆树藩等秉持红十字运动基本原则开展人道救援行动积累了实践经验。正是双重变奏的合力，使中国红十字会落地生根，开启了中国人道事业的新征程。

关键词：中国红十字会；启蒙运动；实践探索；双重变奏；前史

1904年3月10日，中国红十字会在上海诞生。其实，中国红十字会的诞生并非突然“呱呱坠地”，她经历了一个漫长的“孕育”过程，是启蒙宣传与实践尝试双重变奏下“催生”的结晶。“问渠那得清如许，为有源头活水来。”在喜迎中国红十字会建会120年华诞之际，对其“前史”进行一番梳理，可以理解中国红十字会的横空出世并非一帆风顺，而是充满荆棘与坎坷，实属来之不易。

一、启蒙运动：大众传媒的推动

在1904年中国红十字会建会之前，国际上已有42个国家加入国际红十

* 池子华，苏州大学红十字国际学院教授、博士生导师。

字组织，中国显然“迟到”了。[①] 不过，长期“闭关锁国”之后迈入近代社会的中国对西方文明的接纳总要经历一个过程，这个过程绝不是一朝一夕所能完成的。红十字“东渐”登陆中国何尝不是如此！它需要一个“启蒙”的过程。

所谓红十字“启蒙”，即红十字组织形式以及中立、人道、博爱的核心价值观被国人认知、接纳并尝试付诸实践的过程。这一过程可谓“路漫漫”。在此过程中，作为近代大众传媒的“新”媒体——报纸，成为最重要的载体。

有学者指出，早在1874年5月，由于日本在中国台湾寻衅滋事，中日两国发生冲突，上海的《字林西报》发表文章讨论战争救护问题，非常推崇红十字会的中立性：“（开）战后，不分彼此，两造所有受伤者，均令设法调治。”《申报》主笔对《字林西报》的讨论表示赞赏，对这种救护组织的作用称道不已，以为“不分彼此，设法治伤，此亦仁义之行也”，希望中国加以效仿，“今我国何不亦召好善者，以效作此善举乎？”[②] 这两篇文章“可以说是近代中国公开讨论西方红十字会问题的最先声”，[③] 只是两报的讨论都没有直接提及“红十字”这三字。当时的中国人还不可能知道“红十字”究竟是什么。尽管如此，不妨碍将两报的讨论视为红十字启蒙宣传的开始。

1883年，“红十字”首次在《申报》上出现，介绍英国政府定制的“红十字宝星”（纪念章），以奖励在战地救护中“照顾受伤之出力者”。[④] 文章的介绍可以使人了解红十字是与战地救护紧密联系在一起的。

实际上，真正意义上的红十字启蒙直到中日甲午战争之时才形成“气候”。

---

① 资料来源：Clara Barton, *The Red Cross in Peace and War* (Washington, D. C.: American Historical Press, 1899), pp. 58 ~ 59; James Avery Joyce, *Red Cross International and the Strategy of Peace* (New York: Oceania Publications, Inc., 1959), p. 250. 转引自张玉法主编：《“中华民国红十字会”百年会史，1904—2003》，台湾红十字组织，2004年，第5页。

② 《交战时宜预筹保护人命》，《申报》1874年9月7日。

③ 周秋光、靳环宇：《早期红十字会在中国的演变》，《光明日报》2006年2月21日。

④ 《外洋消息》，《申报》1883年6月13日。

1894年甲午战争发生至1895年战争结束，这期间，一方面在华外国人尤其传教士先后在营口、烟台、天津等地开办红十字医院，收治伤兵。而在上海的各国领事、传教士、外国银行董事也发起成立了红十字会，借助《申报》等大众传媒，筹款募捐。

另一方面，众多日本赤十字社（日本红十字组织之谓）志愿者不辞艰险，远道而来，深入战地，救死扶伤，不分敌我。但中国官兵并不了解红十字会的中立性，竟有“伤害红十字会人者”，引起外国人的嘲笑。[①] 两形相较，实令中国人难堪。立足上海的《申报》开始反思，相继发表《创兴红十字会说》《红十字会历史节译》《红十字会说》《接录红十字会说》《中国亟宜创兴红十字会说》《中国宜入红十字会说》等文章，传播红十字运动的基本知识，将红十字启蒙运动推向高潮。

既然是“启蒙”，作为传媒的《申报》所刊登的系列文章，要向受众说明红十字会是什么，红十字会组织的源流，红十字会的功能及其实现的方式方法，为什么要在中国创兴红十字会等问题，只有这样，才能让国人了解红十字，认识红十字会，从而为红十字会走进中国奠定基础。这是“启蒙”的基本要求。

红十字会是什么，涉及红十字会性质、宗旨、任务等。红十字会是人道救护组织，这种性质决定了“会内宗旨专在救伤疗疾，减军民之痛苦，埋尸卫生，免生存者之疫疠”。救死扶伤是其主要任务。而平时对弱势群体的“博济”[②] 也是其主要业务。

关于红十字会组织的源流，《申报》介绍说：“红十字会者何？泰西各国陷阵救护受伤兵士之善举也。其议创自英人，而瑞士人实成之。”所谓“其议创自英人”，是指南丁格尔在克里米亚战争中的救护行动。弗劳伦斯·南丁格尔（Florence Nightingale，1820—1910），1820年5月12日生于意大利，后迁居英国，毕生献身护理事业，是现代护理学科的创始人。在1854年至1856年英、法等国与沙俄争夺巴尔干半岛控制权的克里米亚战争

① 池子华、郝如一等：《近代江苏红十字运动》，安徽人民出版社，2007年，第10页。

② 《红十字会说》，《申报》1898年11月16日。

中，她率领38名护士前往战地，“逢伤必救，不嫌污秽，遇疫必疗，不惧传染，遂使三国之在战地者，上自将帅，下及兵卒，莫不出水火而登衽席。”[①] 她由此成为“救护被疮兵士之鼻祖”。她的战地救护行动，是“各国红十字会的滥觞”。[②]

所谓“瑞士人实成之”，是指亨利·杜南（Henri Dunant，1828—1910）发起成立红十字会的创举——“厥后法、奥二国战于沙利夫贤利（即索尔弗利诺）地方，兵士三十万人历十五点钟时，死伤山积，军医及侍疾者为数有限，不敷应用，以致军士断脰折腰，疾痛呻吟，生死之间，几不容发。呜呼！如此惨状，稍有恻隐者有不目击心伤潸焉陨涕者乎？瑞士国海痕利席那托托氏（即亨利·杜南）恻然悯之，著书立说（即《索尔弗利诺回忆录》），发明战场救护受伤人之法，遍赠列国好善士求为佽助，一时志士仁人上自政府下逮议员，无不踊跃乐从，集议数回，遂创立红十字会。”[③]《申报》通过追根溯源，向公众厘清了红十字会的渊源。

关于红十字标志和《日内瓦公约》的来历，《申报》介绍说，“公定以瑞士国国旗覆而用之。瑞士国旗系红地白十字，此会则用白地红十字旗。又以瑞之杰乃法（即日内瓦）为环球公会之盟坛，定其条约曰杰乃法条约，又曰涂南（杜南）条约，由此公定为例，凡环球各国无分大小得邀公许加入此盟者，方准用此旗帜，会外不得滥用，若未经与杰乃法缔约者，不得享此会之利权”。[④] 红十字标志的来历、使用以及《日内瓦公约》无可替代的价值一目了然。

战地救护是红十字会的“本色”，如何开展战地救护，有哪些注意事项，《申报》也作了较为详细的介绍：“其救人也，分为四站：第一站，医士与战士同行，见有受伤者或用布被或用安车舁至第二站交代；其第二站须设在离战场七百码或九百码之远，务使敌军弹丸不能飞至，既有受伤者送到，医士急为之止血止痛，饮以美酒，葆其精神，并整理其折断之骨，然后送交

① 《红十字会说》，《申报》1898年11月16日。

② 《红十字会历史节译》，《申报》1898年5月30日。

③ 《红十字会历史节译》，《申报》1898年5月30日。

④ 《红十字会说》，《申报》1898年11月16日。

第三站；第三站须离战场一千码，医士之职在查明伤之轻重，或截去肢体，或扎缚血管，或整其碎骨，然后开列一单送交第四站；其第四站名曰战场医局，须离战场约十华里至十二华里，受伤者由车送到，即安置养病处，依期施治至告痊而止。”[①] 这样的介绍，详细而具体，可操作性强。

在战地救护过程中，《申报》强调，红十字会应该坚守“中立性”的原则，对于伤员，“无彼我之分，一律为之施救，庶足以昭一视同仁”。[②] 对红十字会救护人员，根据《日内瓦公约》精神，交战国任何一方均不得加害，这就是“局外之利益”。[③] 总之，“观战无过虑，救伤无歧视，良法美意兼而有之”。[④] 这正是红十字会的魅力所在。

红十字会是人类文明、社会进步的产物，“除野蛮外，凡有教化之邦，无不踵兴斯会”。有鉴于此，《申报》强调，中国理应创建红十字会，否则，不仅与中国礼仪之邦的声名地位极不相称，而且还有沦为“野蛮”之国的危险。[⑤] 中国战争频繁，人道需求与日俱增，正是红十字会大展宏图之时。[⑥] 因此，在中国创建红十字会，是时代的呼唤，更是现实的需要。

在中国创设红十字会还必须走出一些认识上的误区，为此《申报》也做了必要的澄清。有人认为，“十字为西教中标志，我中国既不入其教，则创兴斯会，不妨另立一名，何必即以其名之致与彼教相混乎？”《申报》指出：“红十字会已通行于欧亚美各洲，我苟另立一名，则各国会中人未必肯同舟共济，与其各行其是致失辅车之相依，曷若借用其名而得互相联络？”还有人认为，“我中国军中本有伤科，何必更兴斯会？”《申报》指出：“中国伤科向无真实本领，迩惟天津之北洋医学堂及京师德贞氏所管之医院仿行西法颇能以三折称良，然临阵医生务须朴实耐劳，与寻常施医者迥别，且军士多至数万或数十万，交战既毕，满目疮痍，岂每营一二医生所能凑手？”[⑦]

① 《创兴红十字会说》，《申报》1898年5月9日。
② 《红十字会历史节译》，《申报》1898年5月30日。
③ 《红十字会条约》，《申报》1904年3月29日。
④ 《红十字会说》，《申报》1898年11月16日。
⑤ 《创兴红十字会说》，《申报》1898年5月9日。
⑥ 《中国亟宜创兴红十字会说》，《申报》1899年4月10日。
⑦ 《创兴红十字会说》，《申报》1898年5月9日。

也有人认为，“方今兵戈载戢，海波不扬，既不至于兴戎，安用此红十字会?”《申报》指出：“红十字会中人平日遇有疹疠、天花或则洪涛漭瀁之中轮船失事，皆得施其神术以拯生灵。目前疹疠、天花尚不多见，轮船失事岁亦不数数闻。然皖北、山东以及江苏之淮、徐、海诸处，或旱或潦，饥馑洊臻，小民荡析离居，死亡载道。死者长已矣，其幸而生者，经旬槁饿，病骨支离，加以尸气熏蒸，必多疾疫，如有红十字会，正宜乘此时世艰难之际，施妙术以救群黎。”[①] 廓清认识上的迷雾，为红十字会落地“清障”，有助于红十字启蒙运动的推进。

《申报》之外，其他如《集成报》《时务报》《岭学报》《万国公报》《政艺通报》《外交报》等，也都有相关文章发表。正是这些“新”媒体的推动，红十字文化在一定范围内，尤其在东南地区，得以广泛传播。

二、孙中山译著的启蒙效应

在红十字启蒙运动中，来自民间的力量不容忽视，其中有两位先贤——孙中山和孙淦，发挥了独特的作用。

众所周知，孙中山英文功底颇深，但作为革命家的他，一生中只有一部译作，即《红十字会救伤第一法》，他因此成为第一位系统引进红十字救护知识、救护技能的中国人。

孙中山翻译《红十字会救伤第一法》是机缘巧合，既有偶然性，但同时也具有一定的必然性。

孙中山（1866—1925），名文，字载之，号逸仙。广东香山县（今中山市）人。幼年在村塾读书识字。1879 年他随母乘轮船赴檀香山，在长兄孙眉的资助下，进入当地英国基督教圣公会开办的意奥兰尼书院读小学；1882 年入美国基督教公理会设立的奥阿胡学院读中学；次年回乡，不久就读于香港拔萃书屋；1884 年转入域多利亚书院（1887 年改名皇仁书院）继续学业；

① 《中国亟宜创兴红十字会说》，《申报》1899 年 4 月 10 日。

1886年毕业后决定学医，“以医亦救人之术也”。[①] 经人介绍，他进入广州博济医院附设南华医学校读书。1887年，21岁的他进入香港西医书院（香港大学的前身），开始了5年的求学之路。孙中山与红十字会结缘，由此开始。一方面，所学西医课程，自然涉及红十字医疗救护方面的内容；另一方面，更重要的是，他结识了终生难忘的良师益友康德黎，使他与红十字会更为“亲近”。

詹姆斯·康德黎（James Cantlie，1851—1926），英国人，阿尔伯丁大学毕业，曾为伦敦外科名医，1887年8月到香港雅丽氏利济医院工作，并且参与了香港西医书院的创办，1889年至1896年，他担任西医书院教务长，对孙中山非常赏识，视为得意门生。

康德黎还有一个重要身份，即“红十字会英国伦敦支队创始人”[②]，是伦敦红十字运动发展史上举足轻重的人物。不仅如此，康德黎还是香港红十字会的创始人。据孙中山所说：“吾师简大理（即康德黎）在香港亦仿行之，创有香港赤十字会（即红十字会），集其地之英商、军士及巡捕等而督课之，艺成而领有会照者已百数十人。”[③] 不难想见，与康德黎交情深厚的孙中山，从他身上学到的不仅仅是医术，还有秉持人道、博爱、奉献的红十字精神。孙中山推崇“博爱”，矢志不渝，和他与红十字的缘分密不可分。1892年7月，孙中山以优异的成绩从香港西医书院毕业后，在澳门、广州等地行医，把救死扶伤的人道主义事业由书本付诸实践。

“上医医国”。治病救人固然为医者天职，但“医国”更为重要。1894年上书李鸿章失败后，孙中山深感清政府腐败堕落，国势阽危，遂联络同志，决意抗清。1895年10月26日至28日，孙中山发动广州起义失败。清朝政府大肆捕杀革命党人，孙中山则被悬赏通缉，他由此踏上流亡海外宣传革命之路。

---

① 中国科学院近代史研究所中华民国史组、广东省哲学社会科学研究所历史研究室：《孙中山年谱》上册，中华书局，1976年，第25页。

② 孙中山：《伦敦蒙难记》（庾燕卿、戴桢译注），中国社会科学出版社，2011年，第77页。

③ 孙中山：《〈红十字会救伤第一法〉译序》，《孙中山全集》第1卷，中华书局，1981年，第108页。

1896年10月11日，孙中山在英国伦敦遭到绑架，被囚禁在清公使馆。孙中山“伦敦蒙难”，引发各方关注。经康德黎夫妇多方奔走，在强大的舆论压力及英国政府的干预下，清使馆不得不于10月23日释放了孙中山。因此之故，他与伦敦红十字会多有联系，并结识了该会柯士宾医生，与之建立了深厚友谊。是年冬，柯士宾与他一起游览英国王宫时告知他的《红十字会救伤第一法》“为用甚宏，人多欲知其理，故各国好善之士亟为推广”[①]，已翻译成法、德、意、日四国文字。他希望孙中山能把该书翻译成中文，一方面柯士宾可以进呈英国国王作为“六十年登极庆典之献”，另一方面，在英国以及英属殖民地有为数众多的华侨，译成中文出版，也便于“好善华人”阅读，“以广英君主寿世寿民之意”。[②] 与红十字会结缘甚深的孙中山欣然接受，很快完成“使命”。1897年春夏间，中文版的《红十字会救伤第一法》由伦敦红十字会出版。

对《红十字会救伤第一法》，孙中山赞不绝口，誉为“济世之金针，救人之要术”。[③] 那么，这是一本什么样的书，孙中山何以如此看重？原因并不复杂。在孙中山看来，“恻隐之心，人人有之”，但“济人之术则非人人知之”了。所谓“济人之术”，也就是救人的方式方法，如果对此茫无所知而急于施救，可能适得其反，贻误良机，“恻隐”变成了“残忍”，不仅救不了人，反而“害人矣”。所以，生死存亡之际，施救方式方法至关重要。也正因为如此，西方各国通都大邑设有红十字会，“延聘名师，专为讲授一切救伤拯危之法，使人人通晓，遇事知所措施；救济之功，成效殊溥。近年来，推广益盛”。[④]

《红十字会救伤第一法》就是这样一部“救伤拯危之法”之书。它教人

① ［英］柯士宾:《红十字会救伤第一法》，孙中山译，《孙中山全集》第1卷，中华书局，1981年，第109页。

② 孙中山:《〈红十字会救伤第一法〉译序》，《孙中山全集》第1卷，中华书局，1981年，第108页。

③ 孙中山:《〈红十字会救伤第一法〉译序》，《孙中山全集》第1卷，中华书局，1981年，第108页。

④ 孙中山:《〈红十字会救伤第一法〉译序》，《孙中山全集》第1卷，中华书局，1981年，第108页。

了解救伤的方法，一旦遇到意外不至于惊慌失措，按照此书的方法进行救护，可以挽救人的生命，为送医救治争取时间。它是一本救护培训教材，所述内容为"通行之知识"，也就是红十字会员和志愿者必须掌握的现场、初级救护的基本方法、技能，诸如止血、包扎、固定、搬运、心肺复苏、人工呼吸等。所谓"第一法"，也就是"初步"、基础的方法，同时"第一"之称也意味着初级救护的极端重要性，按照柯士宾的话说，"意外误伤之事为口所常有，讲求如何为调治之初法，诚极要之事"。[①]

作为"华文的第一部关于红十字会的书籍"[②]，孙中山译著在中国翻译史上的地位是值得肯定的，而对中国红十字运动的影响也是显而易见的。如上所述，孙中山翻译此书的目的，就在于宣传、推广红十字的"济人之术"。这本译著虽在海外发行，但传入国内后产生一定反响。1904年3月5日《申报》就发表评论指出，"孙文所译《红十字会救伤第一法》亦颇有用"，虽然孙中山是清政府通缉的"罪犯"，但这本书应用价值高，"正不必以（因）人废言也"。[③] 这说明这部译著在1904年3月以前就已传入国内，且在中国红十字会的启蒙运动中发挥作用，毕竟了解红十字会的人不多，这本书的流传以及当时最有影响力的报纸《申报》的推介，无疑提高了国人对"红十字"的知晓率。

三、孙淦双管齐下的"启蒙"空谷足音

孙中山之外，孙淦在红十字启蒙运动中也扮演了举足轻重的角色。

孙淦，字实甫，上海人。长期在日本经商，曾出任浙江留日学生监督，也是中国人留学日本史上首任监督。他不仅"多财善贾"，而且热心公益事

① ［英］柯士宾：《红十字会救伤第一法》，孙中山译，《孙中山全集》第1卷，中华书局，1981年，第110页。

② 池子华、崔龙健：《"华文的第一部关于红十字会的书籍"——孙中山译著〈红十字会救伤第一法〉述论》，《江苏社会科学》2015年第4期。

③ 《中国宜入红十字会说》，《申报》1904年3月5日。

业，“以济人行善为心”，[1] 是一位“仁慈恺恻，卓识热忱”的慈善家。[2] 他在日本加入了赤十字社，“习见日人于陷阵冲锋时深获红十字会之益”，[3] 萌生了在中国创兴红十字会的理想。1897 年，他与好友鲰生议及此事，“奋然而兴，曰：有是哉！我其首先立之基础哉！”[4] 乃“商之日本会中诸友，无不乐赞其成”。[5] 但要在中国创兴红十字会，需要一个启蒙运动加以推动。而要“启蒙”，不仅要启“官（朝）蒙”，而且要启“民（野）蒙”，双管齐下，才易收功。在这两方面，孙淦都做出了不懈的努力。

在启“官蒙”方面，1897 年冬，孙淦在东京向驻日公使裕庚呈递了《大阪华商孙淦呈请裕钦使转咨总署奏设红十字会禀》（附有汉译日本赤十字社章程），[6] 恳请裕庚咨明总理衙门，代为上奏。禀文称，红十字会救灾恤兵，一视同仁，博施济众，意美法良，实为近世“至善之大政”，环视全球，除“野蛮”之邦外，莫不设有此会，中国要屹立于世界民族之林，非创设红十字会不可。况且，创兴红十字会有“四利”：“疾伤有恃，军士气壮，鼓行而前，图功自易，一利也；万邦善政，是则是效，结盟诸国，人不敢轻，二利也；国有病疫，大凶大札，会众疗治，保全必多，三利也；我国医学，讲求未精，此会若成，研究益易，四利也。”有利无害，何乐而不为？

孙淦的“一片婆心”，深深打动了裕庚。裕庚阅禀，当即批示，表示支持：“查红十字会，西人谓之 Red Cross Society，拯灾济众，最称善举，本大臣亦曾目睹。该商所禀各节，具见心存利济。惟善举之设，事出众擎。允准之权，应听政府。仰候据情咨请总理衙门核夺，可否迟速，应俟覆到之日，

① 《创兴善会》，《申报》1898 年 3 月 26 日。

② 中国红十字会总会编：《中国红十字会历史资料选编（1904—1949）》，南京大学出版社，1993 年，第 6 页。

③ 《创兴红十字会说》，《申报》1898 年 5 月 9 日。

④ 《中国宜人红十字会说》，《申报》1904 年 3 月 5 日。

⑤ 《红十字会历史节译》，《申报》1898 年 5 月 30 日。

⑥ 分别参见中国红十字会总会编：《中国红十字会历史资料选编（1904—1949）》，南京大学出版社，1993 年；《中国红十字会杂志》1914 年第 2 号；《申报》1898 年 3 月 26 日；《时务报》第 55 册。

再行饬遵。”[①] 孙淦的上书通过裕庚传递给清政府。这是清政府第一次听到在中国创兴红十字会的呼声。

在启“官蒙”的同时，启“民蒙”的工作也在推进之中。要启“民蒙”，当时的“新媒体”报纸的作用不可小觑。在此过程中，有两位报人推波助澜，给予了孙淦难能可贵的支持，一位是鳜生，另一位即汪康年。

鳜生是孙淦好友，是《申报》编辑和主要撰稿人。他以《申报》为阵地，推出“我友孙君实甫”[②]，传播红十字知识，并愿“为之执鞭”效力，[③] 而孙淦也正是借助好友之力，在《申报》桴鼓相应。孙淦《呈请裕钦使转咨总署奏设红十字会禀》在 1898 年 3 月 26 日《申报》全文刊出，引起强烈反响。接着他又于同年 11 月 16 日、17 日在《申报》发表《红十字会说》，详细介绍红十字会的发轫、继起、定帜等情。文中还专门对日本红十字组织赤十字社的历史、现状做了概括性介绍，谓“红十字会，日本名之曰赤十字社，非独我华人误认为耶稣教会也，昔年日本亦然。明治十九年六月五日，日廷特命全权公使侯爵蜂须贺氏茂韶诣瑞都……与各国商议缔盟于杰乃法（即日内瓦——引者注），列入涂南（即杜南）条约”。甲午战争后“绅民目睹其效，外人颇誉其善，兼以政府极意奖励，各新报亦揄扬在事者之勤勉耐劳，致会员之题名者月增万余”。全国会员已超 50 万人，“倘再历十年，更不知如何兴盛”。[④] 是时，向日本学习成为一股时代潮流。[⑤] 孙淦的介绍更易激发国人对创建红十字会的热情。

鳜生及《申报》为孙淦提供“启蒙”宣传平台，当然希望孙淦“竭忠尽智，以底于成，不致被废于半途之诮也”。[⑥] 这对孙淦也是一种激励。

另一位好友汪康年同样是孙淦“启蒙”活动的有力支持者。汪康年

---

① 《大阪华商孙淦呈请裕钦使转咨总署奏设红十字会禀》，见中国红十字会总会编：《中国红十字会历史资料选编（1904—1949）》，南京大学出版社，1993 年，第 5 页。

② 《创兴红十字会说》，《申报》1898 年 5 月 9 日；《红十字会历史节译》，《申报》1898 年 5 月 30 日。

③ 《创兴红十字会说》，《申报》1898 年 5 月 9 日。

④ 《红十字会说》，《申报》1898 年 11 月 17 日。

⑤ 参见黄新宪：《中国留学教育的历史反思》，四川教育出版社，1991 年。

⑥ 《中国亟宜创兴红十字会说》，《申报》1899 年 4 月 10 日。

(1860—1911)，浙江钱塘（今杭州）人，字穰卿。1896年他在上海参与创办《时务报》并担任该报总理。《时务报》“讲求时务”，力倡变法维新，传播西学，颇受时人瞩目，创办当年发行量即达7 000份，次年更增至万余份，“为中国有报以来所未有”。[①] 这样一份在朝野上下具有广泛影响的媒介，自然引起孙淦的关注，而好友汪康年出任总理，可谓“近水楼台”。孙淦所译《日本赤十字社社则》在《时务报》连载。[②] 孙淦《呈请裕钦使转咨总署奏设红十字会禀》呈递裕庚后，即将文稿寄发汪康年，并请“从速登报”。[③] 汪康年照办，禀文发在1898年3月22日出版的《时务报》。[④] 同年孙淦还寄上“《赤十字社各国缔盟表》贰纸，请与前《红十字会说》附登报末”。[⑤] 不仅如此，他还“冒昧拜恳”汪康年，请他多方联络，促成红十字会的建立。他在给汪康年的信中说：“阁下如到江阴、湖南等处，请将红十字、游学两会周行，倘公不竭力提倡，总无成日。”[⑥] 随后他又寄上日本《赤十字》两册“以备鉴裁”。[⑦] 虽然汪康年未能达成孙淦宏愿，但他的臂助促进了红十字启蒙运动的深入，值得肯定。

《申报》《时务报》的受众为社会各阶层，孙淦以此为媒介传播红十字知识，呼吁在华创兴红十字会，虽以广泛意义上的启“民蒙”为主，但启“官蒙”亦在不言中。

孙淦的主观意愿乃“速为筹建”红十字会，[⑧] 但客观效果只能局限于启蒙层面。红十字会对国人来说毕竟是新事物，“相遇疏”，欲速则不达自在情理之中。

另据史料记载，孙淦还编辑《博爱》一书，遍赠好友以广宣传，只是

① 转引自汤志钧：《戊戌变法史》，人民出版社，1984年，第178页。

② 《时务报》第44册，第3031—3036页；第45册，第3095—3096页。

③ 上海图书馆编：《汪康年师友书札》第2册，上海古籍出版社，1986年，第1437页。

④ 《时务报》第55册，第3732—3734页。禀文另发《集成报》1898年4月5日。

⑤ 上海图书馆编：《汪康年师友书札》第2册，上海古籍出版社，1986年，第1451页。

⑥ 上海图书馆编：《汪康年师友书札》第2册，上海古籍出版社，1986年，第1437页。

⑦ 上海图书馆编：《汪康年师友书札》第2册，上海古籍出版社，1986年，第1460页。

⑧ 《红十字会说》，《申报》1898年11月17日。

该书是“自行刊送，流传无多，人鲜知者”。[①] 不过从上引孙淦致汪康年书“拟将凡有关涉于此（红会）之文字搜求汇集，择要付诸手民，以广流传，而冀有力者之闻风兴起”推测，该书主要内容当为孙淦著译作品的“汇集”，同时也从报刊上收录部分相关文章。这一判断可以从孙淦致汪康年的另一封书信中得到证实，信中提及“弟前见上海《大公报》载有郑陶斋观察所撰红十字会歌略一首，言简意赅，颇深韦佩。前拟奉烦令弟颂谷兄代为一觅，并昔日《时务旬报》《日报》登过之此项章程、缘起等译文，及此外有用各件，凡能办者，均祈转恳觅齐，从速掷下，至感至盼。弟处原稿因各友取阅，散失者多，欲求全璧，不得不劳诸同志者耳”。[②]《大公报》创办于 1902 年，《博爱》一书刊印的时间当在此之后、1904 年 3 月中国红十字会（上海万国红十字会）诞生之前。

上海万国红十字会成立后，于 1904 年 6 月 15 日专门致函孙淦，提及“此会前经执事译述章程，顾裕朗西星使转咨，请为兴办，迁延迄未举行。大著具在，弟等每经捧读，俯首至地”，“查日本赤十字社与瑞士总会原约十条，荷兰保和会推广水战原约十条之外，尚有自定章程数十条，大著均已详载”，[③] 可以为证。难怪红十字会史料谓：“本会（中国红十字会）成立，已在孙君倡议之后，则是书实本会之先河。”[④] 该书在红十字运动中的地位与影响，不言而喻。

孙淦为在中国创兴红十字会“号呼奔走，艰苦备尝”。[⑤] 作为“请准回国倡导红十字会第一人”，[⑥] 孙淦的“创兴”之梦尽管没有实现，但其振聋

① 中国红十字会总会编：《中国红十字会历史资料选编（1904—1949）》，南京大学出版社，1993 年，第 5、6 页。

② 上海图书馆编：《汪康年师友书札》第 2 册，上海古籍出版社，1986 年，第 1465—1466 页。

③ 《万国红十字会致日本赤十字社特别社员孙淦》（光绪三十年五月初二日　1904 年 6 月 15 日），中国红十字会总会编：《探本溯源——来自博爱论坛的声音》，北京大学出版社，2010 年，第 75 页。

④ 中国红十字会总会编：《中国红十字会历史资料选编（1904—1949）》，南京大学出版社，1993 年，第 6 页。

⑤ 中国红十字会总会编：《中国红十字会历史资料选编（1904—1949）》，南京大学出版社，1993 年，第 5 页。

⑥ 转引自何克明：《中国的红十字启蒙运动》，见《中国红十字》1991 年第 11 期，第 3 页。

发聩的启蒙，为红十字会的创立铺平了道路。

四、外国人的“示范”

眼见为实。红十字会究竟“长”成什么样，外国人在中国的实践无疑是一个重要的媒介，也会产生“启蒙”的社会效应。康德黎在香港、梅威令在台湾以及甲午战争中外国人在华设立红十字医院、组建红十字会筹款、募捐和日本赤十字社员的甲午战时救护行动，都具有“示范”意义。

如上所述，英国名医康德黎作为“红十字会英国伦敦支队创始人”，不仅在香港创办红十字会，而且培训红十字救护人员百余人。虽然人数有限，但却令人大开眼界。

另一位英国名医梅威令（William Wykeham Myers，1846—1920），1878年出任“打狗（高雄）医院”院长。[①] 据报道，“梅威令医生主院事，院中诸事益尽善。每年赴院就医之人约在四千以外，其名声才智众人无不崇而信之。”[②] 梅威令不仅热衷悬壶济世，而且有志于为中国培养红十字战地救护人才：“因见泰西各国皆有随军医士，照万国公法之例，虽在两国交绥之时，而此辈随军医生自成一队，另有号衣，两军皆不得犯之。设有受伤倒地，无论为弁为兵，即由医士舁去敷治。此种随军医生有老有少，有男有女，皆能照顾病人，料理伤患，各国各军皆有之，中国独无。故发此心愿为中国创此未有之奇。”[③] 为此，他招收4名华人弟子——李荃芬、陈呈槼、吴杰模、林环璋，精心培育。

1887年，梅威令偕弟子来沪考试，后到天津谒见李鸿章。李鸿章“虚心延接，详加询问，盖该医生如何开设医学之馆，如何招华人习学西医，如何明定章程，如何前次挈两生至香港考试头场，此次挈一生至上海考试头场，无不瞭如指掌”。李鸿章对梅威令为中国造就西医人才大加赞赏，“又

① “打狗医院”，即“慕德医馆（院）”“慕德医院”，英国长老教会传教士马雅各于1866年兴建，为台湾第一所西医医院。

② 《述台湾打狗慕德医院办理原由》，《申报》1887年7月28日。

③ 《书本报领凭志盛事后》，《申报》1888年8月7日。

欣欣然有喜色，谓中国有人得此医术，则将来以一传十，以十传百，以百传千，愈学愈多，愈推愈广，西医之法将大行于中国”。[①] 李鸿章的褒奖使梅威令深受鼓舞。

次年7月，4位学生学业已成，梅威令率之来沪考试，“请在沪各医生公同评骘，给予凭据”，上海道台龚照瑗及“沪上中西医官莫不咸集”。考试合格，李荃芬、陈呈桀、吴杰模三人“乃专习西医而皆已成功者也，其所给者为行医之凭据”，林环璋对“办理医院中诸事则极为熟悉，故其所给者为办理医院事务之凭照”。[②] 特别是，“专习西医”的李荃芬、陈呈桀、吴杰模，专门演练红十字会“军营救疗兵士之法”，给人留下抹不去的印象。十年后，孙淦好友鲫生仍记忆犹新，念念不忘，追忆道：“忆十余年前，英医梅威令君设伤科医院于台湾，广收台闽聪慧子弟数十人（应为数人笔误），教以临阵医伤之术，学成试可，挈之至申江，演习于租界工部局广场，招子及西友往观。其人腰佩利刀，左手持红十字小旗，肩荷药笼医具，衣袖亦以红十字为记号，出入于白草黄沙之内，施其妙技，井井有条。”[③] 可以想见，这场史上第一次红十字救护演习，在当时产生了一定的影响，难怪上海道台龚照瑗“顾之颇为喜悦，不但当众鸣谢，而且次日特往梅医生处踵谢以宠之。盖中国之有西医自此而始，故视之若不胜郑重也”。[④]

令人惋惜的是，当梅威令偕弟子到天津希望效力军营时，“当轴者毫不在意，一笑置之”。梅威令失望而归，“遂重返台湾施医济世”。[⑤] 曾经的希冀——“苟能由梅君教成之三人中，以一化三，以三化九，以九化廿七，渐而推焉，以至于不可数计，则分以置之各兵轮各军营，无事则教以传人，有事则起而救人，其利便有无穷者”，[⑥] 化为泡影而停留在“启蒙”层面上。

1894年7月中日甲午战争爆发后，红十字会再度登上历史舞台，推动

---

① 《论西医将行于中国》，《申报》1887年9月14日。

② 《书本报领凭志盛事后》，《申报》1888年8月7日。

③ 《创兴红十字会说》，《申报》1898年5月9日。

④ 《书本报领凭志盛事后》，《申报》1888年8月7日。

⑤ 《行军以医生为要说》，《申报》1894年12月19日。

⑥ 《论梅威令医生教习之认真》，《申报》1888年7月28日。

“启蒙运动”走向深入。一方面，在华外国人，尤其是传教士，创建红十字医院，救治伤兵。营口最早开办红十字医院。1894 年 12 月 3 日，英国苏格兰长老会传教士医生司督阁（Dugald Christie，1855—1936）在营口租赁一家中国客栈开办了简易的红十字医院，救护伤兵。这是国内第一所红十字会救护医院。[①] 1895 年初，旅居烟台、天津的外国人，也设立红十字医院，“凡我华军之伤而未死者一律收养疗治，药饵饮食务极周详”。[②] 为了提供后援保障，旅沪英国传教士、驻沪总领事以及洋商，在上海“成立有一个红十字会，那里供给一切费用”。[③] 官方以及民间的爱心人士，鼎力相助，如《新闻报》报道称，“南洋大臣两江总督张香帅（张之洞）捐银一万两，江苏巡抚奎中丞（奎俊）捐银二千两，江海关道刘观察（刘瑞芬）捐银一千两，仁济善堂捐银一千两，共银一万四千两，均由道署送交红十字会董事收领转解”。[④]

另一方面，成百上千的日本赤十字社志愿救护人员，开赴战地，“不特日兵临阵受伤蒙其医疗，即华兵之中弹而仆者，亦不分畛域，一体留医”，[⑤] 令人肃然起敬，“其实心行善，畛域不分，诚哉可嘉而敬焉！”[⑥] 红十字会是中立性组织，理应如此，这是国际惯例。“吾军士之受彼拯救者，难可缕数”，中国人“万目共睹”，[⑦] 不啻为一堂生动的“示范课”。

毫无疑问，甲午战争是国人对红十字认识的一个转折点。在战事救护中，鲜红的红十字是那样鲜艳夺目，令人耳目一新，也引发国人深刻的反省。有识者指出，“旅顺一失，负伤者为数益多，既无官医前往施医，致劳西国红十字会诸君附图南轮船往救，及至，则倭奴已代为敷疗。会中人乃相

① 池子华：《中国红十字会第一分会何以设在营口》，《中国红十字报》2017 年 3 月 10 日。

② 《敬募营口、烟台军士医伤费》，《申报》1895 年 3 月 5 日。

③ 司督阁：《甲午战时辽居忆录》，陈德震译，《中日战争资料》，（台北）文海出版社，1967 年，第 148 页。

④ 《阅劝募伤兵医院经费图书后》，《新闻报》1895 年 3 月 26 日。

⑤ 《中国亟宜创兴红十字会说》，《申报》1899 年 4 月 10 日。

⑥ 《劝助行营医院经费说》，《申报》1895 年 2 月 10 日。

⑦ 中国红十字会总会编：《中国红十字会历史资料选编（1904—1949）》，南京大学出版社，1993 年，第 6 页。

率言旋。噫！使我中国及早留心，振兴医学，虽遭败衄，何至如斯？奈何以食毛践土之人，而反受敌人之恩惠。静中回想，能不恧然？”惭愧的同时，为官方的缺乏远见而惋惜。当年如果当局能够俯采梅威令之言，“将诸学生留诸营内，梅威令君则佽以经费，使之大启规模，广收聪俊幼童，循循善诱，则目今一有战事，即可分往医伤，何至借助于红十字会中人及不共戴天之倭奴将旅顺受创之勇丁代我华人医疗哉？”① 言辞之中，烘托出国人焦急、迫切之心态，深感中国创设红十字会，已经迫不及待，刻不容缓。而外国人的“示范”，使国人对红十字会的组织形式、运作方式、行事规则，都逐渐熟悉起来，“启蒙”的目的逐渐达成。

五、国人自主创办红十字会的尝试

红十字启蒙宣传逐渐深入人心，国人创建红十字组织的尝试也时有所闻。

据《申报》记载，甲午战争中，有“中国妇人金氏者，前在美国习医，至此适卒业而归，遂与泰西某女医同立红十字会，……募诸各善士，集得洋银三千元，受伤者遂医药有资，渐渐痊愈”。②

《中外日报》报道，1899年春，上海绅士汪炳等人开办“中国施医局”，该局“酌照红十字会章程办理，有事施于军事，无事施于贫民”。③ 只是“中国施医局”并没有以红十字会的名义开展相关活动，昙花一现。

国人真正意义的建会尝试，应该是始自“中国救济善会”。1900年为救

---

① 《行军以医生为要说》，《申报》1894年12月19日。

② 《宸翰褒功》，《申报》1897年2月8日。按：这位“中国妇人金氏”，或为金韵梅（又译为金雅妹）女士。她是中国最早留美毕业回国的留学生，学习医学，后与孙淦共同发起成立天津红十字会。不过，也有学者认为“金氏”身份难以断定，极有可能是时人误将天津女子医院的Dr. King视为“金氏”，而不可能是金韵梅。（参见崔军锋：《金韵梅与甲午中日战争红十字会救援辨——兼谈近代中国人名的英文回译问题》，《社会学科》2014年第10期。）

③ 《照录中国施医局章程》，《中外日报》1899年5月5日，转引自闵杰：《近代中国社会文化变迁录》第2卷，浙江人民出版社，1988年，第184页。

助八国联军侵华战争中惨遭蹂躏的北方难民，上海绅商组织开展救援，“中国救济善会”应运而生，颇具影响力。“中国救济善会”创建者陆树藩（1868—1926），字纯伯，号毅轩。1900 年 9 月 9 日《申报》发布《救济善会启》，标志着该会的正式成立。如《救济善会启》所称，中国救济善会“亦如外国红十字会之例，为救各国难民及受伤兵士起见”[①]，不分敌我地实施人道救援，也决定了中国救济善会的“红十字”性质。10 月 15 日，陆树藩亲率同仁乘船北上，在天津、北京、保定等地，救助难民，直到 12 月 10 日返回上海。期间“不避艰险，与各友乘轮船赴津设局，拯救被难官商。先后载归已有五千余人之多，并运回各省灵柩一百三十六具”。[②] 陆树藩及其中国救济善会“似此济众博施，好行其德”，堪称“诚晚近所罕逢者也”。[③]

更可贵的是，陆树藩对在中国创设真正意义上的红十字会大声疾呼，在《筹创中国红十字会启》中，陆树藩从国际视野、比较视野，对创设中国红十字会的时代价值做了阐述，云：“今全球各国至瑞京联约入红十字会者，四十有三国，未经入会者，惟朝鲜与我中国耳。各国红十字会之盛，几于无人不以列名为荣，即日本一国，通国会员计五十万六千六百十三人，合计全国每九十人得会员一人，年聚金百四十万三百九十三元六角五分，倘再十年，不知如何兴盛。若论人类同胞之义，体天仁爱之道，忠君报国之忱，危难怜悯之心，则谁不当列入此会耶？故树藩不揣固陋，禀明两江督宪刘太宫保，创建中国红十字会，一面拟派员赴瑞京联约入盟，仿照各国红十字会章程办理，一面由会中著书贴说，声明红十字会之利益，晓谕通国，俾风气早开，文明日进。吾华人士，亦有亲爱，亦有仁慈，亦有忠义，亦有恻隐，谅必以此举关乎文明不浅，断不让猛鸷之土耳其，褊小之暹罗而独入此会，受无量公家之福也。总之公法以地球之上，无论为大国，为小国，为强国，为弱国，不入此会，则不仁；居今之时，不入此会，则不智。不仁、不智，则吾华人之所不安。是所切望吾华之忧心世道者，群相呵护其成也，是为

① 《救济善会启》，《申报》1900 年 9 月 9 日。

② 《救济善会筹办京津善后事宜启》，《申报》1900 年 12 月 22 日。

③ 《善士南旋》，《申报》1900 年 12 月 18 日。

祷。”[①] 在这里，陆树藩几近声嘶力竭，到位的言说，颇有感染力，令人热血沸腾。同时，陆树藩还草拟《中国红十字会例条》（章程），对红十字会的运作提出构想。[②] 陆树藩的设想正如亨利·杜南那样，源自战争救护的实践，虽然因陆树藩为救助北方难民深陷债务危机而无暇继续推进，[③] 但为中国红十字会的创设勾画了蓝图、创造了条件。他完全称得上“中国的亨利·杜南”。[④]

中国施医局、中国救济善会，这些带有红十字性质的慈善团体，由地方绅士应急而设，事毕撤销，不具有全国“统一性”。尽管如此，这些事实表明，随着启蒙运动的推进，红十字精神逐渐深入人心，为中国人所认同、接纳而跃跃欲试，这是令人欣喜的进步。

六、结　语

19世纪70年代以来，在“西学东渐”的大潮中，有识之士为红十字走进中国，通过各种方式进行“启蒙”宣传，使国人对红十字会由陌生逐渐熟悉，为中国红十字会创建奠定了社会基础，其中《申报》等新媒体的加持，孙中山、孙淦等先驱的筚路蓝缕，功不可没，而“西人”及日本赤十字社的“示范”，更使国人领略到红十字的魅力。创设红十字会的必要性、紧迫性，在朝野上下激起共振共鸣，在这样的时代氛围中，陆树藩走上了历

① 《救济文牍》第1卷，《筹创中国红十字会启》，苏省印刷局光绪三十三年（1907）铅印本。

② 《中国红十字会例条》是第一份由国人制定的国家红十字会章程。《例条》共8条，对中国红十字会宗旨、性质、任务、会员发展、标志标识的使用、表彰奖励等，都有明确的规定，其中包括“本会设于上海，遇有兵事，亲入战地，专以救疗爱护战时之伤者、病者为要义”；“本会拟入瑞士总会，仿照各国红十字会章程办理”；“本会平时专练救护人员兼及收集物品，务令完全无缺，战时帮助随军医部尽力救护。至于民间因战事流离失所者，均一一妥为周恤”；“天灾流行死亡相继之际，本会亦当设法救护，如疗疫、施米、施衣、施棺、掩埋各项善举，以尽创办红十字会之初心”等。（《救济文牍》第1卷，《中国红十字会例条》，苏省印刷局光绪三十三年铅印本。）

③ 顾志兴：《湖州皕宋楼藏书流入日本静嘉堂文库之考索与建议》，《浙江学刊》1996年第3期。

④ 池子华、刘思瀚：《陆树藩：中国的亨利·杜南》，《浙江红十字》2018年4月28日。

史舞台，不仅开始了国人创办红十字会的最初尝试，而且为中国红十字事业的未来发展擘画蓝图。正是经历了 30 年启蒙宣传和实践尝试的双轮驱动，1904 年 3 月 10 日，水到渠成，中国红十字会在上海成功建会，开启了中国人道事业的新征程。

文化研究

《牛痘新书》：晚清的防疫指南

魏　星*

摘　要： 在人类历史上，不乏与多种传染疫病斗争的漫长历程。天花，也称出痘，作为著名的烈性传染疫病，因其传染性强、病死率高而闻名，中国古代和西方社会都经历了艰辛的“战痘”历史。近代以来，由英国医生发明的种牛痘法传入中国，尤其是太平天国战争结束之后，专门成立了牛痘局加以推广，避免疫病蔓延。该疗法见效快，副作用少，因此受到地方官员的大力推行，逐渐代替了原有的“战痘”技术，成为人类战疫史上的重大发明并取得了最终的胜利。

关键词：《牛痘新书》；晚清；防疫

近代以来，种牛痘技术的发明是人类抗击天花这种烈性传染病历史上的重大突破。相比较传统的“战痘”方法，种牛痘的免疫技术不仅安全系数高，而且可操作性强，故而面世后得到了全世界的认同与推广。在中国晚清时期，牛痘技术也逐渐从国外传入，进而普及到大江南北。太平天国战争结束之后，由于社会重建的需要，南京及周边地区专门以种痘为主的牛痘局等机构普遍成立，发挥了重要的作用。晚清金陵善后总局刻《牛痘新书》即这一时期记载种痘技术的代表著作之一。

---

* 魏星，南京晓庄学院马克思主义学院研究员。

基金项目：国家社科基金中国历史研究院重大历史问题研究专项“近代长三角地区中国式城镇化道路的历史进程与发展模式研究”（23VLS013）

一、天花与种痘

天花，是人类古代历史上的一种烈性传染病，因康复患者面部多留有花斑而得名。天花感染人群广泛，在医学条件落后的情况下病死率较高，尤以幼儿为众，重症天花病死率可高达 25.5%。很多著名历史人物罹患天花的记载也屡见史册，甚至会影响到历史事件的走向，如清代顺治皇帝之所以确立康熙为继任者，据说也是因幼年康熙出过天花并痊愈，从而拥有终身抗体之故。由此可见天花作为古代重大疾疫之一，给社会及民众带来了重要影响，因而抗疫战痘的历史漫长多舛。

据中国古代医书《外台秘要》《巢氏病源论》《千金方》《本草纲目》等记载，痘疮名或曰“豌豆”，或曰“麻豆”，或曰“斑豆”“麦豆”，皆其发作时形态类似“豆”类也。至于发作的缘由，也有观点认为源于胎毒，“婴儿在胎之时，感其秽毒之气，藏于脏腑之中，发时有近远之不同”，故而也有别称“天行”。[①] 在医疗条件落后的年代，天花发病时凶险万分，古人大多谈“豆”色变。传统治疗方法多采用种人痘的治疗方法，如宋代始行的鼻苗法，又称“放花”，使用感染后康复者的痘痂，塞入未感染者鼻中，使其受感染而提前发散，不致酿成重症，“然亦往往有险症，以其术之犹未得其精要也。”[②]

18 世纪末，英国医生爱德华·琴纳（Edward Jenner）发明了接种牛痘疫苗的预防方法，成效显著，此后逐步推广。清嘉庆初年，种牛痘方逐步传入中国广东沿海等对外交流的前沿地区。据史料记载，广东南海人氏邱熺在澳门经商期间，向英国医生亚历山大·皮尔逊（Alexander Pearson）学习到了种牛痘技术。他认为该方法比传统疫苗法效率更高，且副作用小，故而非常推崇。邱熺详细记录了种牛痘方法和自己的经验，写成《引痘略》一书，并且得以在国内推广开来。嘉庆十五年（1810），广东行商在广州捐资成立

① （明）龚廷贤撰：《龚廷贤医学全书》，山西科学技术出版社，2016 年，第 672 页。

② 《牛痘新书》“涂宗瀛序”，南京图书馆藏，光绪十三年刻本。

种痘局，延聘邱熺等人为痘师，定期为民众种痘。“寒暑之交，有不愿种者，反给以赀，活婴无算。”① 两广总督阮元还特意为此赋诗，称“若得此丹传各省，稍将儿寿补人年”。② 自此种牛痘技术开始向全国范围内扩散，逐步为世人所接受。

《牛痘新书》的版本较多，而金陵善后总局刻本则是在1865年曾国藩主持金陵善后局时，由于邱熺旧书无存而重新刊刻，1887年再刻。该书采用江苏王惇甫辑本。王惇甫，字新吾，江苏丹徒人，少游广东，在知府幕府中习得种牛痘之法，遂将之传播开来，颇有盛名。

该书初名《牛痘新书济世》，主要内容包括刺种牛痘、度苗、出痘时宜辨、出痘后须知等十余篇，并且录附了20余首种痘方。光绪十三年（1887）允文堂再行刊刻《牛痘新书》，旨在全力推广种牛痘技术，以济婴儿。该刻本书影上附有“赤子命根，传家至宝”字样。书内从种牛痘穴分图到种痘刀式均极明晰，图文并茂，描述详尽。该书还有三篇序，分别为金陵善后总局局宪黄家驹、江宁知府涂宗瀛和牛痘局查详考等作。

二、《牛痘新书》与金陵善后总局

清同治初年，南京地区刚刚经历了太平天国战争，十余年的战火给城市社会事业的发展带来了很大破坏，各类社会慈善机构也基本处于停滞状态。战争结束后百废待兴，亟待重建。曾国藩出任两江总督后，于1864年9月左右在南京设立金陵善后总局，作为地方处理善后重建事宜的重要职能机构，“以毗省之大政，凡事涉扶绥安集者皆隶焉”。③ 金陵善后总局下设立五大局，包括保甲局、善后大捐局、善后工程局、门厘局、谷米局、桑棉局、牛痘局、育婴堂、普育堂、官粥厂、驿站等诸多隶属机构，以江宁知府、知县及道员为主管，延聘诸多士绅为局委，其管理范围不仅涵盖军需、户籍、

① 道光《南海县志》卷四十四《杂录》，第2页。

② 同治《南海县志》卷二十六《杂录下》，第25页。“丹”即“痘种”。

③ 光绪《续纂江宁府志》卷6《实政》。

治安、善举等传统社会管理领域，还包括社会救济、安置流民、抚恤死难、城市建设等相应行政机构与社会体系的构建。在曾国藩的首肯下，江宁知府涂宗瀛重新开办了牛痘局，以安徽泾县人查详考主持，又由江西南城黄家驹重刊邱熺《牛痘新书》，推广牛痘之法，开局施方以接济幼儿。

此时种牛痘之法已传入中国数年，并且在广东、湖北、湖南、安徽、江苏等地有所推广。尤其是道光年间安徽当涂、芜湖等地设局延聘王惇甫接种，由于需要幼儿携带疫苗，后者在武汉当地雇用了一人批乳妇，携带群婴，从长江而下，将痘苗接种至芜湖，此举被时人称赞为“一阵凫舟飞楚北，满船牛痘下江南”。[①] 随后痘苗又被分种至扬州等地。至太平天国战争时期，由于战乱频仍，民众流离，种牛痘的“真浆”因保存不易几乎断绝，种痘事业一度停滞。故而在太平天国战争结束之后，地方官员急切需要设立专门机构，延聘一批名医，重新推行这一慈善事业。

然而民间采纳其方者仍不如种人痘者多，“或谓牛痘平平无奇，不若鼻苗之雷霆发泄，因而疑信参半”，牛痘技术相对症状平缓，习惯了古代种痘法的民众仍有心存疑虑者。[②] 为大力推广种牛痘法，金陵善后总局特意延请了地方官员为《牛痘新书》作序，以提高该书的社会影响力和公信力。涂宗瀛时任江宁知府，为之欣然提笔，称“深喜牛痘之方实胜于鼻苗之法，又惧时人之不能尽信也，因为是说以解之”。[③] 在他看来，鼻苗之法固然有其可取之处，可以提前“发患”，然而“乘其未发而引动之，使早发，又不如得其机要之处而宣导之，使顺其自然，行所无事之为愈也”。牛痘之术正是这种安全可靠、效果显著的引导之方。他呼吁“读是书者，使皆求精其术而笃信不疑”，希望该书介绍的医方能为民众所接受。[④]

黄家驹在序中则引用了切身经验以说明种牛痘的安全有效。黄家驹号冠北，咸丰时期因军功叙职，后赴南京参加与太平军的战斗，投入曾国藩门下。据称黄家有“三子四女均种牛痘”，故而有丰富的治疗经验。与传统治

① 严世芸主编:《中国医籍通考》第3卷，上海中医学院出版社，1992年，第4471页。

② 《牛痘新书》“黄家驹序”，南京图书馆藏，光绪十三年刻本。

③ 《牛痘新书》“涂宗瀛序”，南京图书馆藏，光绪十三年刻本。

④ 《牛痘新书》“涂宗瀛序”，南京图书馆藏，光绪十三年刻本。

疗方法不同，种牛痘后护理简单禁忌少，“不忌风寒，不饮药饵，旬日告成功，十余年来并未再发。”“一家验推之天下无不验也”，推己及人，黄家驹因此苦心劝说“世之为父母者”能够接受这种新式战痘医方。①

该书序三的作者查详考，字吉人。他少时从医习种牛痘，经验丰富。在他看来，“痘症为童年最大关隘”，“即有神痘塞鼻之法，犹难保其无失”。在长期的实践经验中，他认为传统鼻苗法成功率也并不高，“惟牛痘功奇效捷，万种万全，诚仁术也。”故而查详考早在咸丰年间就利用供职之便，在安徽芜湖、江苏淮河沿岸、徐宿地区、扬州、苏州等地设局布种，“婴儿获益良多”。太平天国战争结束后，查详考赴南京供职。当时涂宗瀛所设的善堂组织普育堂中婴孩众多，面临天花流行的感染趋势。涂宗瀛因此延聘经验丰富的查详考主持种牛痘，以防止善堂内幼儿感染。此事办理完毕后，查详考随即提出在全城范围内推广种痘，并且“出示招徕，禀定章程”，从而将种痘术纳入规范化的推广与宣传中。牛痘局的章程中明确表示，前来种痘者免费施行，“无论贵贱贫富，均霑益惠”。查详考也借此大声疾呼，望广大民众接纳牛痘之法，切勿听信庸医之言，以免耽误病情，“姑息自误”。

经地方官绅的不懈呼吁与努力，南京牛痘局设立后，一时之间，“凡襁负就种，挟所愿而来者，无不惬所愿而去”，种痘效果可谓显著，牛痘技术也进一步得到了推广。② 从这个意义上说，《牛痘新书》无疑堪为晚清时期的抗疫指南，故而在20余年间一再刊刻并流传。

三、“战痘”推广

同治时期，除金陵善后总局下设的牛痘局外，南京地区的溧水、句容等地也恢复设立了牛痘局。周边其他地区，如浙江杭州的各善举陆续筹办，其中牛痘局就附设在同善堂中。至光绪年间，镇江、昆山、上海县、娄县、海

① 《牛痘新书》“黄家驹序”，南京图书馆藏，光绪十三年刻本。

② 《牛痘新书》“查详考序”，南京图书馆藏，光绪十三年刻本。

宁、余姚、奉化、青浦等地也纷纷设立了牛痘局。1893年，两江总督刘坤一也带头通饬各州县仿办牛痘局，称“痘症为幼孩一大关节”，一旦传染，极为凶险。而设立专门机构来推广安全有效的种痘方法，“设局所费无多，而保全实属不少”，值得进一步仿效，牛痘抗疫的普及事业得到了进一步发展。①

这一时期，种牛痘法的推行离不开地方官员及士绅的大力支持。他们通过创办本地牛痘局、延聘名医设局开方、张贴告示宣传、刊刻相关书籍并作序、本家子女亲自种痘、善堂幼儿尽行接种、定期免费接种等多种方式，为牛痘术的普遍推广做出了一定程度的努力。如浙江宁波府署土地祠、郡庙怀堂祠设有两处牛痘局，定期于每年正月二十五六日开局施种。江苏溧阳牛痘局也在每年二月至五月间定期接种，所费无多，颇有成效。

值得一提的是，同治时期牛痘接受程度尚以少数见识过新技术的官绅人家为主，如前文提及的黄家驹之所以大力推广牛痘之法代替传统痘苗法，是因为黄家子女亲身种牛痘的经历使然。此外还有类似保婴局的地方善堂，为防止流行疫病而对局中弃婴采取集体接种牛痘的预防方针。普通百姓对于种牛痘往往还存有一定的疑虑，况且传统种人痘的鼻苗法也并未消失，两者并存。至于乡村地区卫生防疫条件及接受新疫苗的理念则更为落后。而经过各地牛痘局二三十年的推广后，至光绪年间，“通商诸埠及各大省府邑村镇居民大半信而行之矣，天花之厄半可免矣”。② 如上文所提宁波牛痘局，天气晴和的时候，“赴局开种者，每日不下数十起”，“较往年愈广”。③ 与此同时，种人痘的痘师也几近绝响，其技术逐渐被淘汰。部分地方官员甚至主张全面废止人痘，如句容知县就下令驱逐采用鼻苗法的痘师。种牛痘法因出色可靠的疗效而越来越多地为社会采纳，成为人们战胜天花病毒的主要防控手段。1919年，北洋政府设立北平天坛防疫处，次年起开始制造、储备牛痘苗，以供接种预防之用。各地卫生机构成立后，防治天花、劝种牛痘成为注

① 光绪《溧阳县志续志》卷4《食货志·仓·养育》。

② 熊月之主编：《稀见上海史志资料丛书》，上海书店出版社，2012年，第111页。

③ 《牛痘开种》，《申报》1880年3月18日。

重乡村卫生的重要工作之一，婴幼儿免费接种逐步向更广大的乡村地区普及。

余 论

中华人民共和国成立后，在党和政府的领导下，制定了“预防为主”的科学方针，各地医疗卫生机构积极开展卫生防疫工作。毛泽东还专门起草了《中央关于加强卫生防疫和医疗工作的指示》，将卫生、防疫和一般医疗工作提高到政治的高度加以重视。[①] 随着现代医学的进步，痘苗制造和检测都建立了科学有效的严格流程，质量得到了进一步提高。据统计，到 1951 年底，我国有近两亿人口都接种了牛痘疫苗，并且计划在 1952 年再增加种痘两亿六千余万人，基本完成全国普种牛痘的工作。[②] 此后全国大多数地区数年中都没有新增的天花病人。1961 年，我国最后一例天花病人痊愈，至此中国境内天花病毒基本灭绝。1980 年，联合国正式宣告天花病毒已经在世界绝迹。

① 《建国以来毛泽东文稿》第 3 册，中央文献出版社，1988 年，第 282 页。

② 《中央人民政府卫生部全国防疫工作的报告》，《人民日报》1952 年 1 月 3 日。

近代杭嘉湖地区的地域文化特色

熊　彤*

摘　要： 两宋以来，作为浙江的政治、经济和文化中心，杭嘉湖地区经济富庶，文化昌荣。书院义塾、藏书楼和刻书出版业等传统文化事业进一步获得发展，明清时期达到鼎盛。这不仅体现在传统文化设施的数量增多和规模变大，还体现在质量上的发展，这一地区出现了闻名全国的书院、藏书家、藏书楼和刻书坊。到了近代，中国社会出现千年未有的变局，为救亡图存，思想开明的仁人志士兴起了办学堂、办报刊和留学的热潮。传统文化在新式文化教育的碰撞冲击下，新旧交替和并存，杭嘉湖地区形成了有时代特征的重商务实、好文崇学和热衷公益等地域文化特色。

关键词： 近代；杭嘉湖；文化教育；地域特色

近代以来，中国出现千年未有的变局。西学东渐带来的中西文化冲撞，在处于沿海地带的浙江地区表现剧烈。杭嘉湖地区经历了由传统到近代的社会大转型，近代新式教育得到发展。传统文化在新式教育的文化冲击之下，杭嘉湖地区形成了具有时代特征的地域文化特色。

一、杭嘉湖传统文化

传统文化是生活在同一片区域、有着相同语言和习性的人们经过长期的

---

* 熊彤，浙江省博物馆文博副研究馆员。
国家社会科学基金重大项目《大运河与中国古代社会研究》（17ZDA184）

历史文化的积淀形成的并世代相传，且具有鲜明的地域特色。杭嘉湖地区地处浙江北部，有着悠久的历史和深厚的文化底蕴，是吴越文化的发源地。随着京杭大运河的开凿，杭州城兴起。两浙地区成为北宋最富庶的地区，是当时经济中心。[①] 南宋迁都临安（今杭州），宋室南渡，大量文人士大夫也随之南迁。北方文化南移，浙江人口骤然增加，商业繁华，文化昌盛，杭州成为当时全国的政治、经济和文化中心。自此，杭嘉湖地区经济富庶，文化事业日渐发达。下面从书院义学、藏书楼和刻书业三个方面阐述杭嘉湖地区的传统文化。

书院，是中国传统的教育和研究机构，它除讲学之外，兼及图书储藏及先哲祠享。书院始创于唐代，最初是作为官府修书、校书、藏书及备皇帝顾问和侍读而设。北宋年间，安定书院于熙宁五年（1072）在湖州创立，它是为了纪念学者安定先生胡瑗开创“湖学”而建。崇宁五年（1106），杭州最早的书院龟山书院在余杭创办。南宋定都临安后，杭嘉湖文教兴盛，更多书院创办。绍兴年间，海宁县治盐官建立张文忠公（张九成）书院；嘉定十六年（1223），富阳县建立春江书院；景定四年（1263），嘉兴府治建宣公书院；咸淳元年（1265），崇德县建传贻书院。这些是杭嘉湖一带较早创办的书院。杭嘉湖的书院在清代达到极盛，敷文书院、紫阳书院、崇文书院、诂经精舍被誉为杭州“四大书院”；嘉兴最为知名的书院是建于宋代的宣公书院和建于清代的鸳湖书院。

义学也称义塾，汉代时即有设置，是对族人中的贫寒子弟给予免费初级教育，以识字为主，经费来自地方或私人募捐。杭州记载较早的是南宋开禧元年（1205）进士章檟在家乡昌化县所创办的义塾。近代，杭州有崇文义塾、普济堂义塾、蒙泉义塾等义学，[②] 普济堂义塾和蒙泉义塾咸丰年间毁于兵燹。同治三年（1864），普济堂部分得以恢复，分设上、下两塾，上塾设于佑圣观巷同善堂，下塾设于普济堂。同年，闽浙总督左宗棠捐银四千两，

① 滕复、徐吉军、徐建春等编著：《浙江文化史》，浙江人民出版社，1992 年，第 11 页。

② 杭州市教育委员会编：《杭州教育志》（1028—1949），浙江教育出版社，1994 年，第 21—22 页。

在佑圣观巷建同善堂，中设正蒙义塾。同治七年（1868），杭州士绅吴煦捐款设立辅仁义塾，共三斋，但光绪年初因经费不足停办。杭州士绅王文韶悯念孤寒子弟失所，集资将三斋分附于宗文、普济、同善（即普济堂义塾上塾）三塾，使学生得以继续就读。清代嘉兴府所属各县均建有义塾，义塾由当地人士捐款兴办，对儿童进行启蒙教育，义塾收取的学童，年龄不限。同治十三年（1874），嘉兴知府许瑶光率郡人严大魁、张程式等在府治西南毛家坊建育德义塾，"延师以课童蒙之无力读书者"。[①] 同治五年至十年间（1866—1871），湖州府城内先后设东、西、南、北四处义塾；乌程县织里、南浔、乌镇四处；归安县双林、菱湖等三处。这些义塾的经费来自典商、丝商。郡绅钮福皆、莫鉴董其事。[②] 其中南浔义塾几经废兴，比如咸丰十年（1860），太平军进驻南浔，义学停办。[③] 同治八年（1869），孝丰知县郭志瀛会同邑绅王景沂，在孝丰忠义祠东建义学一所，招收贫家子弟入学，免收学费。宣统二年（1910），两县各有义学6所，学童365人。义学以识字为主，兼学技艺。[④]

藏书楼是古代机构团体或私人建造楼房专门用于收藏书籍的场所。它最早作为官府的典籍保存处，伴随着书籍的出现而出现，在汉代粗具规模。宋代以后，藏书楼进入繁荣时期，杭嘉湖出现了许多著名藏书家，如杭州的陈起，在中国藏书史上占有显赫地位，他还将收藏的唐诗和宋诗编刻集印，对保存唐宋文化作出了巨大贡献；还有嘉兴藏书家岳珂（岳飞之孙），以及湖州地区的叶梦得、陈振孙和周密等人。明代，吴兴茅坤的"白华楼"、沈节甫的"玩易楼"，嘉兴项元汴的"天籁阁"，宁波范钦的"天一阁"等，皆为当时一代藏书名楼。清代，杭嘉湖地区藏书楼规模达到历史上的鼎盛时期。著名藏书楼包括嘉兴曹溶的"静惕堂"、朱彝尊的"潜采堂"（即曝书亭），杭州赵氏二林的"小山堂"和吴焯的"瓶花斋"等。朱氏藏书楼"潜采堂"所藏达到8万卷，尤其以富藏宋、元人集部图书闻名于世。乾隆年间

① （清）许瑶光修，（清）吴仰贤纂：光绪《嘉兴府志》卷八、卷九，书院义学。

② 《湖州市志》编委会办公室编：《湖州市志》（第27卷教育），1995年，第13页。

③ 南浔镇志编纂委员会：《南浔镇志》，上海科学技术文献出版社，1995年，第250页。

④ 安吉县地方志编纂委员会编：《安吉县志》，浙江人民出版社，1994年，第468页。

修《四库全书》时，朱氏后裔曾进献遗书69种。存放《四库全书》的七座皇家藏书楼之一的文澜阁位于杭州孤山南麓，其形制仿宁波天一阁。咸丰十一年（1861），阁毁书散。光绪六年（1880）在原址重建文澜阁，次年建成，库书经杭州人丁申、丁丙兄弟等人尽力搜集抄补得全。抄补事业一直延续至辛亥革命后，由浙江图书馆馆长章宗祥继续组织抄写，文澜阁本《四库全书》现藏于浙江省图书馆。丁氏兄弟也是著名藏书家，浙江杭州丁氏"八千卷楼"和湖州陆心源的"皕宋楼"、山东聊城杨氏"海源阁"、江苏常熟瞿氏"铁琴铜剑楼"并称晚清中国四大藏书楼，在近代藏书楼史上占有重要分量。

刻书出版业发轫于唐代，到宋代刻书盛行，逐渐形成了官刻、坊刻和私刻三大系统。北宋时期，浙江的杭州、湖州、嘉兴、明州（今宁波）刻书业在当时享有盛名。据北宋叶梦得所言，"今天下印书，以杭州为上"，① 足见杭州刻书尤为精美。南宋时期，浙江刻书业成为全国翘楚，杭嘉湖地区经济发展，文化繁荣，有力推动了当地刻书业的发展。杭州刻书业主要以南宋国子监刻书和陈起刻书为代表，前者属于官府刻书，专注于统一国家思想文化的正经、正史和医书等方面的刊刻；后者是杭州坊刻和私刻的代表，其书刻印精良，墨色厚重。

元代，以杭州为首的浙江刻书出版业仍稳居全国首位，嘉兴、湖州等地刊书也得到延续发展，如元代所编的《辽史》《金史》《宋史》，均是由元帝下令交由江浙行省在杭州刻版印行，嘉兴路刊书以儒学为主。明代杭嘉湖地区刻书出版业居全省前列，杭州不仅是浙江刻书业的中心，还是全国重要的藏书基地。杭州书坊林立，坊刻盛行。胡应麟描绘了杭州书坊的盛况，"凡武林书肆多在镇海楼之外及涌金门之内及弼教坊、清河坊，皆四达衢也"。②

清朝前期，浙江私刻之风日益兴盛，形成了杭州和湖州两大著名的刻书圈，涌现了一大批著名的民间刻书家和书坊。杭州地区比较突出的民间刻书

---

① （宋）叶梦得著，李欣校注：《石林燕语》卷八，三秦出版社，2004年，第164页。

② （明）胡应麟：《少室山房笔丛》，上海书店出版社，2009年，第42页。

者有 30 多家，[1] 湖州地区较有影响的私人刻书者有 40 多家。[2] 嘉兴地区刻书者多为当地文人、学者和藏书家，刻书质量深受后人赞誉。吕留良刻书精湛，清代王士禛称赞，“石门（即崇德县）吕氏，昆山徐氏，雕行古书，颇仿宋椠，坊刻皆不逮”。[3]

鸦片战争后，社会发生激烈动荡，近代中国处于社会大转型时期，新生事物不断出现，新旧交替、新旧并存是这一时期的显著特征。近代新式学堂取代了传统的官学书院，私人藏书楼在近代公共图书馆出现后逐渐退出了历史舞台，传统文化也在传承中获得发展。

二、杭嘉湖新式文化教育

浙江地处东南沿海，经济发达，是最早受到西方列强入侵的省份之一，也是外来文化和思想传入较早的省份。甲午战争后，为救亡图存，全省出现办学堂、办报刊和留学的热潮。下面主要从兴办刊物、创办新式学堂、出现留学潮和知识分子群体形成几个方面介绍杭嘉湖地区的新式文化教育情况。

第一，兴办刊物。新闻传媒是近代的产物，浙江地区甲午战争后开始创办报刊，清末创办报刊 84 种，其中杭州 45 种、平湖一种、嘉善一种、湖州一种、南浔一种。[4] 杭嘉湖地区共 49 种，占全省的 58%，仅杭州一地就占约 54%。从中可以看出杭嘉湖地区新闻媒体的发达程度，也看出地区分布的不平衡。1897 年陈惟俭和蔡伯华创办的《平湖白话报》是浙江最早的一份白话报，而 1901 年项藻馨创办的《杭州白话报》影响较大。另外，1904 年史庚身等创办《湖州白话报》，不久《南浔白话报》也创刊，均采用通俗的语言形式，内容面向大众，开创新风气。

辛亥革命后，由于新政府的支持，全国各地出现办报热潮，浙江新闻界

① 叶树声、余敏辉：《明清江南私人刻书史略》，安徽大学出版社．2000 年，第 109 页。

② 叶树声、余敏辉：《明清江南私人刻书史略》，安徽大学出版社，2000 年，第 112 页。

③ （清）王士禛：《居易录》卷十四，刻本。

④ 汪林茂：《浙江通史》，清代卷（下），《晚清浙江各地历年创办报刊一览表》，第 357—362 页。

也非常活跃。自民国建立至南京国民政府成立期间，杭嘉湖地区创办刊物上百种。据不完全统计，杭州有《之江日报》《浙江日报》和《杭州日报》等综合性报纸30多种，《道路杂志》《实业丛报》等杂志约60种，仅1912年一年，杭州城内有12种报纸、4种杂志。在此期间，嘉兴、湖州地区创办了《禾报》《平湖新闻》《平湖日报》《鹦鹉公报》《澉水潮声》《新民报》《民生报》和《湖州公报》等进步报刊。这些报刊内容丰富，大多宣传进步思想，传播科学，推进实业。

第二，创办新式学堂。近代书院不同于古代传统书院，不再仅是讲学、考课、藏书和供祭之地，有了近代学校的功能。但直到19世纪末20世纪初，浙江的新式教育才真正出现。1897年，杭州知府林启创办求是书院，虽名书院，实际上是一所新式高等学堂，成为浙江新式高等教育之嚆矢。1898年，林启创办杭州蚕学馆，揭开了我国近代纺织和农业教育的帷幕。1899年，林启创办养正书塾，开启浙江省普通中等教育之先河。1900年，杭州蚕学馆第一期学生18人毕业。次年，他们被分派到余杭、嘉兴、湖州、宁波和绍兴等处筹办蚕学分馆。这些学堂培养了大批的优秀人才，他们为浙江政治、经济和社会文化的发展作出了贡献。此外，湖州张树藩为“实力振兴，遍开风气”，1898年捐出大量资金及家藏全部中西书籍，创办了湖州中西学堂。[①] 同年，海宁富绅张正名捐款购地，创办“崇正讲舍”，教授农业科技和时务课。[②] 这些是杭嘉湖地区早期兴办的新式学堂。

清末新政后，废科举、兴学堂，大量新式学堂出现。1901年，知府刘毓森奉省令在鸳湖书院旧址创建嘉兴府学堂，秀水县创建秀水县学堂。同年，湖州知府会同乌程、归安两知县商定，将爱山书院改为湖州府中学堂。次年，湖州府中学堂正式成立，举人朱廉夫被聘为湖州府中学堂总理。至1905年，浙江省共创办各级新学堂306所，学生13 175人；至1909年，浙江新式学堂数增至1 990所，学生数量增加77 530人，[③] 1909年，嘉兴府各

① 《募助湖州中西学堂启》，《申报》1898年7月26日。

② 《民国海宁州志稿》卷三十一，《人物志 · 张正名传》。

③ 汪林茂：《浙江通史》，清代卷（下），浙江人民出版社，2005年，第142页。

县及海宁有各类小学堂207所，中学有嘉兴府学堂、海宁州中学堂及秀洲书院，一度建立了嘉兴府师范学堂。[①]

辛亥革命前后，不少专门学校和高等院校在省城杭州出现，中学堂也在各地区相继建立。1912年8月，朱瑞、吕公望等人在杭州发起创办浙江体育专门学校，这是浙江发展体育教育事业的开端。同年12月，朱瑞为加强和提高马队素质，在杭州小螺蛳山开办兽医养成所，它是浙江第一所畜牧兽医学校。新式学校开办后，杭嘉湖地区呈现一片新气象。

第三，出现留学潮。19世纪70年代，清廷在容闳倡议下选派幼童赴美留学，在派出的4批留学生中，浙江籍学生8人，其中一人来自杭嘉湖地区，即14岁的钱塘人孙广明。[②] 这是浙江最早的官派留学生。浙江地方派遣的官费留学生始于1896年创办的浙江蚕学馆，之后求是书院、浙江武备学堂、浙江大学堂与养正书院也先后派遣官费留学生，均为派遣日本留学。自1908年起，政府开始举行竞争考试选拔派遣欧美留学生，1910年、1926年共考试选拔派遣两次。这些留学生学成归国后，多数人进入政界和教育界工作。1915年2月，北京政府教育部首次对归国留学毕业生举行甄拔考试。报名者249人，实际参加考试者192人，共录取151人。[③] 据1916年北京青年会对在北京的归国留学生的职业统计，在1 655名留学生中，从政者有1 024人，占61.8%。当时舆论指出，“游学一途，实为今日登仕版膺政位之终南捷径，将来之官吏，即今日之留学生”。[④] 留学生归国后多位居政府部门和教育界要职，在他们的参与推动下，新式思想和观念得以贯彻与实施，从而改变传统教育方式和思维方式，有利于新式教育的推进，促进教育近代化改革，推动社会文化事业的发展。

第四，知识分子形成。早期知识分子产生于留学生群体，在清末留学潮中，浙江大批青年学生去国外求学，他们接受了新知识和新思想，留学归来

① 《嘉兴市志》编纂委员会编：《嘉兴市志》（中），中国书籍出版社，1997年，第825页。

② 汪林茂：《浙江通史》，清代卷（下），浙江人民出版社，2005年，第255页。

③ 《政府公报》第1029号，1915年3月21日，第32—34页。

④ 《青年会与留学生之关系》（录青年进步杂志），《东方杂志》第14卷第9号，1917年，第196页。

后，成为精英知识分子。随着新式学堂的建立，在新式教育下国内也培养了一批接受新思想和新知识的学生，与国外回来的留学生构成知识分子阶层。这样，在传播新思想和科学文化的过程中，20 世纪初，知识分子阶层逐渐形成。他们关心政治，推崇科学民主，宣传新思想，推动了新文化运动的发展。杭嘉湖地区的知识分子包括文化教育界的社会名流，例如国学大师王国维和诗人徐志摩（海宁人）、书画大师吴昌硕（孝丰人，今属安吉）、出版界精英张元济（海盐人）等。杭州作为省会城市，更是各界名流汇聚。他们学识渊博，重视学术，传播知识，推进文化教育事业发展。

辛亥革命后，以知识分子为主体的各种群众性学术团体纷纷出现。1912 年，浙江省教育会在杭州成立，会长章太炎，副会长经亨颐。1913 年 4 月，该会主办的《教育周刊》在杭州创刊，1914 年易名为《教育潮》。《教育潮》为月刊，共发行 10 期，主要栏目有言论、译丛、纪闻、法令、调查、报告、杂纂等，介绍世界新教育的思想学术、批评中国教育的弊病缺点，主要包括商榷新教育建设问题、记载国内外教育现状等内容。1921 年 1 月停刊后，它被《浙江教育杂志》替代。这些学术团体在传承优良传统文化、促进文化交流、推动近代化文化事业发展及促进经济建设等方面发挥了重要作用。

三、杭嘉湖地域文化特色

俗话说一方水土养一方人，不同地域的人有着不同的文化特征，地域文化受自然环境、交通、移民、行政区划等多重影响。浙江地域文化是根据相对独立的地形环境划分的，即杭嘉湖平原、宁绍平原、金衢盆地、浙南山地。明清时期，浙江划分杭嘉湖、宁绍台、金衢严、温处 4 个行政区域。杭嘉湖和宁绍一带以平原为主，仅在周边有一些丘陵、低山。地势平坦，河网密布，水利交通发达；金衢严以山地和盆地为主；温处地区包括山区及部分沿海平原。由于自然区域的差异，各个区域文化各具特色。

明代王士性曾经指出，“杭、嘉、湖平原水乡，是为泽国之民；金、衢、严、处丘陵险阻，是为山谷之民；宁、绍、台、温连山大海，是为海滨之民。三民各自为俗。泽国之民，舟楫为居，百货所聚，闾阎易于富贵，俗尚奢侈，缙绅气势大而众庶小；山谷之民，石气所钟，猛烈鸷愎，轻犯刑法，喜习俭素，然豪民颇负气，聚党与而傲缙绅；海滨之民，餐风宿水，百死一生，以有海利为生不甚穷，以不通商贩不甚富，闾阎与缙绅相安，官民得贵贱之中，俗尚居奢俭之半。”[①]

近代以来，中国处于社会大转型时期，一些新思想、新气象在浙江大地出现。相较于浙江其他地区，杭嘉湖地区地势平坦，水系发达，交通便利，经济条件优越，更易于接受外来思想，具有务实创新精神。而经济的富庶又为文化教育的发展打下了良好的物质基础，地方公益水平也很高。作为浙江的政治、经济和文化中心，近代杭嘉湖的文化教育以及公益事业水平都比浙江其他地区发展得更快。在传统文化与新式文化教育的交融冲击下，杭嘉湖地区重商务实、好文崇学和热衷公益等地域文化特色具有鲜明的时代特征。

第一，市镇化发展迅速，促进了文化的繁荣。浙江杭嘉湖地区以平原为主，背靠江苏，属于太湖流域水系，是典型的江南文化，具有重商务实、开拓进取、包容性等特点。该区域内各县自然环境存在一定差异，从而使得各县经济、习俗也存在一定差异。比如，湖州府属各县，蚕桑业发展历史悠久，至明清时期，蚕桑业所出成为人们的生计所资，“农桑并重，而湖俗之桑利厚于农”，[②] 取得比农业更为重要的地位。近代以来，国门渐开，国外对湖丝的需求日增，从而促进了湖州地区蚕丝业的发展。“道光以后湖丝出洋，其始运至广东，其继运至上海，销售南浔七里所产之丝尤著名。出产既富，经商上海者乃日众”。[③] 故蚕丝业成为湖州，特别是南浔等地与外界联系的一条重要纽带。但地处山区的安吉、孝丰、武康等县与外界的联系相对较少，如安吉县“土瘠民贫，无富商大贾，然向来安土重迁，谨厚畏事”。[④]

杭嘉湖地区湖泊星罗，水网稠密，发达的水系为当地生活和生产提供便利，同时众多文人雅集于此，文化艺术水平得到提高。明清时期，随着杭嘉

① （明）王士性：《广志绎》卷四，中华书局，1981 年，第 68 页。
② 同治《长兴县志》卷八《蚕桑》。
③ 民国《南浔志》卷三十三《风俗》。
④ 同治《安吉县志》卷七《风俗》。

湖地区经济的繁荣，市镇化也得以发展。近代时局动荡，市镇兴衰更替，嘉兴的王江泾镇、嘉善的王带镇、海宁的郭店镇、归安县的东泊市等在镇压太平军的战乱中衰落，同时更多的市镇在战后废墟中重建，不仅“渐复旧观”，[①] 在快速复苏中“逾于往者”。[②] 同治光绪年间产生了一些新市镇，如钱塘县朱桥市，“粤匪乱稍定，行旅自越来渡江者，咸经朱桥，遂成小市”。[③] 长兴县鸿桥镇，“其地向称僻静。咸丰十年后，……阖邑难民及四处商贾俱麇集于兹。帆樯林立，阛阓尘嚣，俨然一哄之市。”[④] 海盐县六里堰市，咸同年间“居民辐辏成市，木商鹾贾亦萃集焉”。[⑤] 在沪杭铁路开通后，交通条件的改善，流动人口的增多，使杭嘉湖地区的市镇更增添了活力，像海宁的许村、周王庙等市镇因此兴起，拱宸桥、临平、长安、硖石等本已著名的市镇则更加昌盛。至清末民初，杭州府有市镇 145 个，嘉兴 78 个，湖州 57 个，杭嘉湖地区共 280 个市镇。[⑥] 杭嘉湖地区市镇率在当时江南三大地带中居第二位，达 1.79%，仅次于苏松太常地带的市镇率。[⑦] 市镇化进程是近代化推进的标志，杭嘉湖地区的市镇化进程属于发展迅速的地区，带动了经济的发展和文化的繁荣，推动传统文化向近代社会文化事业的转型和发展。

第二，好文崇学，文化教育水平处于全省领先地位。杭嘉湖地区属于浙江经济最富庶的地区，自“永嘉之乱、衣冠南渡”以来，一直好文崇学。《杭州府志》记载，海宁州“人文之盛甲于四方”，“明风气渐开，人文蔚起”；富阳县“士习礼让慕高逸，亦专科举之习，有弦诵之风”；余杭县“文风益振，人才益盛”；临安县“民俗淳固，其人素知诗书”；于潜县“地当僻壤，风俗淳厚，士者患少，师承近代，人习诗书”；昌化县“僻在岩

---

① 阎幼甫修，陆志鸿等纂:《嘉兴新志》，1929 年，第 67 页。

② 光绪《新登县志》卷五《市镇》。

③ 民国《杭州府志》卷六《市镇》。

④ 同治《长兴县志》卷一（下）《建置沿革》。

⑤ 光绪《海盐县志》卷四《舆地考一市镇》。

⑥ 刘石吉:《明清时代江南市镇研究》，中国社会科学出版社，1984 年，第 141—149 页。

⑦ 吴建华:《明清江南人口社会史研究》，群言出版社，2005 年，第 259 页。

谷，务本力田，虽少读书，可驱而之善”。[①]《湖州府志》载，“吴兴郡人尚鬼好祀，永嘉之后，医馆避难，多所萃止，文艺儒术斯之为盛。今虽闾阎贱品，处力役之际，吟咏不辍，盖因颜、谢之风扇焉”。[②] 据《嘉兴府志》记载，“嘉禾之俗，人士好文崇学，衣冠文物焕然可观”；嘉善县“士慕文孺，沃土腴壤”；海盐县“喜教其子弟以诗书，士大夫之裔亦各守其业”；平湖县“重文学而尚节气”；石门县“俗质而尚文”；桐乡县“慕文儒，尚务农”。[③]

在崇学风气之下，杭嘉湖地区的文化教育事业得到迅速发展，这从书院数量和获取功名人数的多寡上得以体现。据不完全统计，清代杭州府书院 23 所，嘉兴府 24 所，湖州府 12 所。[④] 位于杭州的崇文书院、敷文书院、紫阳书院和诂经精舍是当时浙江著名的四大书院，成为浙江传播学术文化的重要基地。清代浙江举人共有 10 805 人，[⑤] 其中，杭嘉湖地区举人共 5 966 人，占全省举人人数的 55.2%；该区域进士共 1 487 人，占全省进士人数的 63.7%。与全省其他区域相比，杭嘉湖地区的文教水平遥遥领先。学而优则仕，杭嘉湖地区数量众多的举人进士，在获得功名后，有的入仕为官，在外地的官员最后都告老还乡；有的担任教职人员，传播知识和进行学术研究。作为杭嘉湖的地方乡绅，他们为青年学子树立榜样，从而推动文化教育事业良性发展，甚至对当地的政治经济和社会都会产生了深远的影响。

甲午战争后，为救亡图存，杭嘉湖地区出现办学堂、办报刊和留学的热潮。同浙江其他地区一样，杭嘉湖地区的兴学热表现出私人集资办学为主的特色。根据 1909 年统计，浙江省兴办学堂共 1 940 所，其中官办学堂 209 所，私人创办学堂 225 所，集资创办学堂 1 506 所。[⑥] 辛亥革命爆发后，资本主义民族工业发展的障碍一定程度上有所扫清，资本主义经济的发展又为社会文化的发展提供了基本的财力支持，尤其是新文化运动兴起后，杭嘉湖

① 民国《杭州府志》卷七十四《风俗》，1922 年铅印本。

② 同治《湖州府志》卷二十九《风俗》，清光绪九年刻本。

③ 光绪《嘉兴府志》卷三十四《风俗》。

④ 各府数据由清代各县设立书院数量相加而来，参见邵祖德等编纂：《浙江教育简志》，浙江人民出版社，1988 年，第 15—16 页。

⑤ 程小丽：《清代浙江举人研究》，华东师范大学 2009 年硕士论文，第 20 页。

⑥ 张彬：《从浙江看中国教育近代化》，广东教育出版社，1996 年，第 6 页。

地区的社会文化教育事业得以进一步发展与繁荣。

第三，热衷公益，善举在全省突出。公益指公共利益，是近代才出现的词汇，包括传统慈善的内容，实际上是古代善举、义举的延续。慈善公益需要大量的财富积累，地方经济水平决定了当地公益事业的发展程度。明清时期杭嘉湖地区商业发达，在全省居前列，尤其以湖州最富。明代王士性在《广志绎》中记载，“浙十一郡惟湖最富，盖嘉、湖泽国，商贾舟航易通各省，而湖多一蚕，是每年两有秋也”。[①] 近代湖州商人在上海、苏州、南通、南京、北京等地设庄开行，开设缫丝厂、染织厂，经营湖丝、绸缎、湖笔等，尤以上海的湖州丝商集团最为有名，被称为“湖州商帮”。他们以诚信为本，崇文重教，注重公益慈善。同治四年（1865），南浔镇绅成立了综合性的善举公所，义举款由丝业公所捐，开展“如拆贼垒、修桥路、浚河道、建社庙，以及掩埋、育婴、书院、义塾、宾兴、舍施粥米衣药等”[②] 公益事业。同治七年（1868），南浔商人庞公照、顾福昌、刘镛、庞云镨等人倡议建立育婴堂，翌年完工，正式收养弃婴。育婴堂的日常经费来源主要是商人的捐助及丝捐中的提成。1899 年，南浔刘锦藻等设立孺厘会，筹集款银 9 000 余元，存典生息，为经常之费。孺赘会恤资“孤寡老疾”，资助“已经出学而身后无资者、丧不能葬者、孤子无力读书者、守节抚孤者”等。[③] 此外，南浔商人还建立了栖流所、承济善堂、施药局、水龙公所、迁善局、火赈会、圩式局等慈善公益组织。

太平天国战争后，出现不少失业游民，其中不乏无赖之徒沿街讹诈偷盗。1879 年，杭州地方绅士呈请官府设立迁善所，予以收容，杭州迁善所于是成立。此后，这一举措在全省推行。1885 年，嘉善知县何恩焺设立“迁善公所”[④]；次年，乌程县南浔镇“仿郡城章程”，设立“洗心迁善局”（又名洗心迁善公所），由洗心所和迁善所两部分组成，“洗心所专收士商人家子弟，不遵父兄教训，吃烟、赌博、游荡之人”，迁善所则收容“赌博、

① 王士性：《广志绎》卷四，中华书局，1981 年，第 70 页。

② 民国《南浔志》卷三十四《义举一》，1922 年刻本。

③ 《南浔镇志》，上海科学技术文献出版社，1995 年，第 300 页。

④ 光绪《嘉善县志》卷五《建置上》，清光绪二十年（1894）刻本。

小窃以及好勇斗狠，动辄滋事，未便绳以官法”的地方无赖，[①] 具体教养办法与杭州大致相同。

清末，浙江各地士绅“激以公义”，“慨然以兴学己任”，“竞就乡闾创立小学”，[②] 兴起办学潮。当时倾全力筹划办学，一手创办几所甚至十余所学堂的人在各地并不少见。据《第一次中国教育年鉴》统计，晚清浙江捐款办学千元以上的有19人，人数居全国第二，而所捐款额居全国第一。杭嘉湖地区办学热忱尤为高涨，例如湖州士绅沈谱琴，“痛感人才为国家盛衰所系”，先后在当地创办了志诚学堂、程安小学、尚武小学、吴兴女校，并且主持湖州府中学堂。[③] 杭州士绅胡乃麟捐资7 000元创办安定中学。[④] 嘉兴妇女周王氏，“人颇开通，读报章，知欲保身家，必先合群；欲求合群，首在兴学”，于是将先夫遗产良田全部捐献给学务公所办学。她在给官府的禀文中明确表示：“愿倾产助学，以求教育普及。”[⑤] 满人惠心女士于1904年在杭州发起创办贞文女学堂，自任校长，由于经费不继，次年被迫停课。她求助于官府未果，在写了一封请求官府援手的禀牒之后服毒自杀。这一事件在当时引起轰动，惠心女士以身殉学的壮举得到许多人称赞，也终于换来了官府对贞文女学堂的重视，并改名为惠心女学堂，转为官办学校。

简言之，近代市镇及市镇群的勃兴推动了地方公益事业的发展。晚清杭嘉湖乡镇村一级的慈善组织就其数量而言大约为471个，占总数的71.7%，明显超过了府县州城。[⑥] 太平天国战后重建中，善会善堂逐渐成为地方精英分子的社会活动场所，这一功能在清末得到进一步发展，从而发展为凝聚地方力量的中心。众多地方士绅倾囊办学，形成一股社会办学的潮流，为杭嘉湖地方社会文化事业的发展提供了良好的氛围和条件。

---

① 民国《南浔志》卷二《公署》，1922年刻本。

② 民国《海宁州志稿》卷四《建置志四》，1922年铅印本。

③ 《湖州文史资料》第5辑，湖州市政协文史资料研究委员会，1987年，第1页。

④ 民国《杭州府志》卷十七《学校》，1922年铅印本。

⑤ 《东方杂志》第3卷第7期，1906年6月，第176页。

⑥ 方福祥：《明清杭嘉湖慈善组织的特征分析——兼论公共领域与市民社会》，《浙江社会科学》2007年第6期。

结 语

在社会大转型时期，进步人士创办刊物，建立新学堂，倡导新式教育方式，留学人数也日益增多。新兴知识分子作为一个新的社会阶层出现，他们掀起创办刊物热潮，进一步传播进步思想，各种学术社团也纷纷建立。

杭嘉湖地区是浙江省的政治、经济和文化中心，文化事业发展势头更加良好。作为省会城市，杭州一些推广新式教育的举措开浙江教育之先河。如杭嘉湖地区办了一些具有影响力的重要报刊，这在杭州表现尤为突出。1901年在杭州创刊的《杭州白话报》采用通俗的白话文体，主要宣传民主主义革命，抨击西方侵略者，提倡男女平等和爱国精神，“为当时出版的白话文刊物中影响较大的一种”。[①] 五四运动爆发后，杭州地区创办了《教育潮》《浙江新潮》《钱江评论》等进步刊物，总数不下 20 种，占全国五四时期出版物总数的 1/10[②]。杭嘉湖地区还较早地建立了文化事业方面的学术研究团体。1912 年，浙江省教育会在杭州成立，首任会长章太炎，该会以“研究教育事项，力图教育发达”为宗旨，学会经常邀请梁启超、蔡元培等学术名流来杭演讲。此外，浙江图书馆事业起步较早，走在全国前列，比如浙江省立图书馆源于 1900 年创办的杭州藏书楼，是中国最早成立的省级图书馆。

总之，浙江省与江苏省毗邻，紧挨着当时政治中心南京和商业中心上海，“人口繁庶，物产富饶，交通便利经济，自昔成为富庶之区”，工业、农业、矿业、水产业等都很发达。“故在全国经济地位上言，江苏而外，当推浙江”，[③] 浙江在全国的经济地位居于第二。而杭嘉湖地区许多文化事业的发展都居于全省前沿，这与省会杭州地处该地区有关。省会城市不仅是全省的政治中心，一般还是经济和文化中心，社会精英汇集于此，地方政府也

① 夏征农、陈至立主编:《大辞海》(中国近现代史卷)，上海辞书出版社，2013 年，第 90 页。

② 金普森、陈剩勇主编:《浙江通史》(第 11 卷)，浙江人民出版社，2005 年，第 325 页。

③ 实业部国际贸易局编纂:《中国实业志 · 浙江省》(第一编总说)，实业部国际贸易局发行，1933 年，第 1 页。

会大力予以扶持，因此杭嘉湖地区具有其他地区所不具备的独特优势，其地域文化特色具有鲜明的时代特征。自辛亥革命后，杭嘉湖地区报业发展，学术研究团体建立，新式教育推广，留学生的回归更是增添了新鲜血液，新兴知识分子作为一个阶层出现，呈现一片新气象。

人物研究

余万清在太平天国战争中的行径考述

孔令琦[*]

摘　要：清代乾隆以降，史籍有关官场因循畏葸的记录不胜枚举。太平军兴起后随着斗争的持续深入，清方原有官僚体系不断遭到冲击，其虚弱窳败暴露无遗。太平天国战争期间，余万清先是在湖南提督任上怯战退走、丢失道州，继而在督办镇江军务期间劳师糜饷、屯兵坚城，种种畏葸逃避、因循取巧行径不一而足，故清代官方未予立传。通过对相关史料的梳理，考察其具体表现，可对当时官僚系统的细节有具体认识。

关键词：太平天国；余万清；史料；因循畏葸

余万清，籍贯浙江金华，约 1803 年出生。1822 年中武进士，1824 年授贵州思南营游击，1839 年升黎平营参将；1841 年奉调广东，因“军营最为出力”，提补广东三江协副将，“仍留省城专委办理团练义勇事务”。[①] 1847 年，迁广东潮州镇总兵；当年 7 月，调高州镇总兵，11 月“因病解任”。[②] 1850 年 4 月，余万清出任四川川北镇总兵；8 月，因向荣拟调陕西，清廷擢余万清为湖南提督。[③]

其时，湖南邻省的广西天地会活动已此起彼伏，太平军也正在伺机而

*　孔令琦：太平天国历史博物馆副研究馆员。

① 中国第一历史档案馆：《清政府镇压太平天国档案史料》7，社会科学文献出版社，1993 年，第 414 页。

② 《宣宗实录》卷 440、443、448，《清实录》39，中华书局，1986 年，第 523、556、627 页。

③ 《文宗实录》卷 5、14，《清实录》40，中华书局，1986 年，第 112、205 页。

动。广西士绅浮海赴京呈告，清廷始知部分实情。遂陆续调来林则徐、张必禄、向荣、李星沅、周天爵等大员，并添兵筹饷，欲剿平起义。

一、防堵楚南

余万清于1850年11月接任视事后，“即在江华一带防堵粤匪”。

1851年5月，专办广西军务的广西巡抚周天爵因与广西提督向荣龃龉，奏请“简派湖南提督余万清，带兵勇三千，就近来粤，督兵进剿。”6月1日，因太平军从武宣东乡突围至象州，清廷寄谕余万清“确探贼踪，不可令与贺县贼匪合股。其桂林一路扼要地方，如有可以应援之处，即速前往协同堵剿，勿失机宜”。[①] 当月15日，清廷以广西“现已添调兵勇，扼要分堵，著即毋庸前赴粤境，（余万清）即于楚粤交界各地方，相度要隘，督兵剿截”否决了周天爵的奏请。

此后不久，余万清接其父讣告，开始丁忧，清廷以鲍起豹继任湖南提督。但战事吃紧，湖广总督程矞采以“现驻江华，熟悉地方情形”为由奏留余万清帮办湘南防务。8月28日上谕批准并命“俟鲍起豹到任后，如须仍留余万清协同筹办，即著该督酌量情形奏明请旨”。

鲍起豹于10月14日行抵衡州（今衡阳）。此时在广西，太平军已攻占永安州（今蒙山），湘桂边界“堵御防维正值十分吃重”。程矞采再上奏折，夸赞余万清“自上年十一月在永州履任后，妥筹布置，择要严防，无一不臻周密”。请将其“仍留防所，与鲍起豹协同筹办，以期策应，悉协机宜”。还要专门为余万清“镌用留办湖南防堵事宜前任提督关防，俾昭信守”。清廷26日俯允，但未准新铸关防，而是许余万清“借用湖南提督印信”。[②]

1852年4月初，太平军自永安突围，在昭平山中阵斩四员清军总兵，

---

① 中国第一历史档案馆：《清政府镇压太平天国档案史料》1，光明日报出版社，1990年，第419、473页。

② 中国第一历史档案馆：《清政府镇压太平天国档案史料》2，光明日报出版社，1992年，第4、202、334、364页。

乘势直攻广西省会桂林，赛尚阿指名余万清赴援。4 月 26 日，程矞采奏复“于江永各要隘内酌拨官兵一千名，飞咨提臣余万清统领管带，星速起行，驰赴桂林省城”。并且另筹兵勇 1 500 名，其中 500 名补充江永防线，1 000 名视前线动向随时赴援。[①] 清廷接报后，亦于 5 月初命程矞采饬余万清“督带精兵，探明贼匪踪迹，驰往广西迎击。既可杜其奔窜湖南之路，即可会同各路援兵，并力救援桂林”。其后，清廷又多次颁谕要求湖南严防湘桂边界，反复饬令余万清赴援，鲍起豹赶赴边界堵御。

5 月 19 日，太平军撤桂林围，转进北上。清廷急令前敌各部“合力攻剿，一鼓荡平”。同时，对各大员的奏报也开始有所警觉。6 月初，清廷颁谕：

> 据奏称，余万清带到楚兵一千名，是该提督已抵桂林。前据程矞采奏，赛尚阿咨调余万清驰赴九塘地方。本日程矞采奏又称，该提督接向荣来咨，令其驻守灵川。灵川在桂林城北，而九塘则在省南，既称与赛尚阿声息相通，何以彼此咨调，互相歧异？……着赛尚阿与邹鸣鹤、向荣等，同心筹划，无致贻误事机，自干重戾，懔之！[②]

而此时，太平军已攻克全州，挺进楚南，之前上谕所命湖南援桂各项，皆成具文。广西士绅对此是颇有意见的。总办广西团练龙启瑞在函札中就直言：“贼陷全州后，怒其固守，几于屠城。城中死者，少长男妇近四千人，实无噍类，都中谅有所闻。此刘长清、余万清诸将援救不力、观望不前之咎也。”[③]

如果说此时余万清的迁延推脱尚可用以邻为壑略为遮掩，那当太平军突

① 中国第一历史档案馆：《清政府镇压太平天国档案史料》3，社会科学文献出版社，1992 年，第 76 页。

② 《文宗实录》卷 56、59，《清实录》40，中华书局，1986 年，第 740、743、776—777、782 页。

③ 《与霞舫书》，太平天国历史博物馆：《太平天国史料汇编》，凤凰出版社，2018 年，第 4701 页。

入湖南后，他畏葸逃避的行径清廷就不能再视而不见了。

二、道州脱逃

6 月上旬，太平军突入湖南，攻克道州，在此防守的余万清临阵脱逃。

从当时署桂阳知州李启诏致厉云官函可知，余万清逃离道州后，经江华遁入蓝山，对地方官“云赴衡见制军，有要紧公干，令应付夫马”。李启诏愤其开门揖盗，当即致信属县“不准应付”。但余万清早已“自行掳抢民船，由小河逃去，不知去向”。李启诏气得大骂：“此等匹夫，可恶之至！带上重兵乱窜，万一将贼匪引入，如何得了?!”①

约在此时，余万清咨呈程矞采：“逆匪披猖，下游吃重，应即带兵赶赴衡州，兼护长沙省会。”而次日道州失守之禀就呈到了总督案前。程矞采大惊失色，“竟不知该提臣现在何处，此中显有趋避。该提臣系钦差大臣奏明回楚防堵之员，何以荒唐至此?”随即程于 6 月 20 日星夜赶赴衡州，并且即刻将道州失守情况上奏。②

清廷闻报亦大惊，咸丰帝“殊深愤懑”。随即连续责问：“道州已有和春带到之兵，何至遽尔失守？余万清系在道州防堵之员，何以率称下游吃重，径赴衡州？且该提督发咨次日，州城已陷，岂贼众麇至，先期一无闻见？该州城防守有无准备？文武各官有无恇怯畏避情事？现在下落如何?”③

6 月 27 日清廷谕令赛尚阿速赴湖南，同时要求详查参劾余万清失守情形。上谕还未送达，程矞采已于 6 月 30 日把调查弹劾的折子写好了。其中说：

据署道州知州王揆一禀称：四月二十三、四等日，探闻贼至双排，面恳余万清妥为布置。二十五日辰刻，贼窜至庄水塘，离城仅四十余

---

① 罗尔纲：《太平天国史料考释集》，读书·生活·新知三联书店，1985 年，第 233—236 页。

② 中国第一历史档案馆：《清政府镇压太平天国档案史料》3，社会科学文献出版社，1992 年，第 262 页。

③ 《文宗实录》卷 61，《清实录》40，中华书局，1986 年，第 812 页。

里。余万清即以带兵堵剿为词，意欲遁去，经该署州催促上城，骑马随同余万清，谕令巡查四门。贼匪旋由西北一带而来。北门有永顺官兵放炮抵御，西北角本系游击瞿我谦派兵防守，其时只有甫经调到之千总唐得升在彼。该署州即嘱乘势攻扑，一面飞请余万清督御。讵至西门，余万清业已出城，并将防兵带去。……乃贼匪旋各入城。……

又准余万清来咨，……闻贼踪窜近，即带亲随之兵赶赴距城十余里之蛇皮渡，隔河堵截。讵甫行数里，该匪大股业已渡河，我兵众寡难支，致被冲散。该提臣无力回救，然究属防堵不力，应请参办。等因。该提臣随来衡州，坚求一见。臣当面加斥责，该提臣亦自认糊涂，惟总以欲往蛇皮渡堵截为词，并非胆怯逃遁。

（各报）前后两歧，实不免有弃城而逃，捏词支饰情事。……请旨将……余万清……革职拿问。

同日，赛尚阿也颁发了参劾余万清的奏报。

据湖南提督鲍起豹及永州道府等称，道州城池完固，该署知州王揆一亦得民心，本可固守数日，以待追兵之至。讵前任湖南提督余万清闻风脱逃，开门揖盗，致有此失。……及至西门，城门大开，有该署州家丁手执钥匙，哭诉提督已经出城，并将防守西门之城守营官兵带去。

该提督身为国家统兵大员，分守城池，先期引避，不惟丧地失律，实属贪生苟活，不复知有廉耻，诚非寻常退缩可比。非即在军前正法，不足以整军威而作士气。

7 月 10 日，清廷根据奏报将余万清革职拿问。两天后，清廷加码的严谕颁下。其中说：

余万清……丧心昧良，开门揖盗，实出情理之外。著程矞采……提余万清与王揆一当面对质，如果实系弃城逃避，著即按律定拟，请旨正法。……嗣后统兵大员有临阵脱逃或托病迁延，致误军机者，著该大臣督抚等一经查明确实，即行据实参奏，请旨正法。……不得巧为开脱，致启徇纵之渐。

8月初，清廷复颁谕要求赛尚阿、程矞采会审定拟余万清裁处意见。

太平军方面则于8月10日从道州开拔，陆续攻占嘉禾、蓝山、桂阳、郴州等地。8月底，太平天国西王萧朝贵率偏师急袭湖南省城，长沙攻防战开始。后因军务倥偬，到10月16日赛尚阿等会审定拟余万清斩监候的奏报才抵北京。24日，清廷命将余万清、刘长清等押解进京，交刑部严审。[①] 但此时长沙战事仍在继续，相关处理复被拖后。

1853年3月9日，清廷复下令查询余万清等押解情况，要求尽速解京。[②] 到1853年4月初，随着太平军夺岳州（今岳阳）、克武昌，顺流东下，定鼎天京。清方官场文恬武嬉，恇怯畏葸的虚弱本质暴露无遗。清廷特发上谕：

上年逆匪自粤窜楚，所过郡县望风溃破，地方文武除蒲圻县知县周和祥外，从未闻一人婴城固守，以待援兵。而军营带兵及防堵各员，亦皆闻警先遁，赴援不前，以致岳州、武昌相继失守。此等庸懦畏葸之员，若不早正刑章，何以肃军律而厌民志？该督抚等于迭奉严旨，竟敢置之度外，延不覆奏。如刘长清、余万清等罪名，早已审讯定拟。朕所以令其解交刑部者，原欲使供情确凿，共见共闻，并非谓情有可原、姑缓其死，俾得从容就道也。……似此瞻徇玩延，是直欲听若辈隐匿病故，然后援照廉昌（岳州知府）、胡方谷（巴陵知县）之例，以业经身故，一奏了事，在朕则法无可加，而该督抚等则自诩阴功盛德，是何政体？是何居心？[③]

① 中国第一历史档案馆：《清政府镇压太平天国档案史料》3，社会科学文献出版社，1992年，第297、301、313、333、337、395、590、613页。

② 中国第一历史档案馆：《清政府镇压太平天国档案史料》4，社会科学文献出版社，1992年，第644页。

③ 《文宗实录》卷86，《清实录》41，中华书局，1986年，第125—126页。

接获此旨后，新任湖南巡抚潘铎才于5月2日奏报余万清、刘长清奉旨后均关押于长沙县监。刘长清在押病故，余万清于4月27日押解起程。[①]

7月上旬，刑部议定将余万清，“依守边将帅被贼攻围，不行固守而辄弃去，因而失陷城寨者斩监候律，拟斩监候，秋后处决”。该奏报还附有余万清的供词，其中细述道州战守情况云：

> 万清仅带亲随兵二百名，……二十一日夜抵道州，次早登城阅看。守城之兵，除调拨外，仅存六十余名，城内居民搬走已空。……二十五日清早，忽据探报大股贼匪已窜至州冲庄、水塘一带，离城四十余里。……当向王揆一等以隔河堵截方可保城相商，王揆一以城中兵单阻止。适蒋家岭调到防兵五十名进城，当派令守城。一面带领亲随兵二百名驰往蛇皮渡迎头堵截贼匪来路。讵行未数里，贼匪业已渡河，分股迳扑州城。万清督兵迎敌，愈杀愈众，我兵众寡难支，致被冲散。[②]

清廷旋即批准，认为余万清“系奏留帮办防堵之员，与现任专城者不同。且带兵仅二百名，亦与坐拥重兵、遇贼先逃者有间。惟既赴道州防堵，辄因兵力过单，出城堵截，以致被贼冲突，失陷州城。究属守御不力，仍应按律问拟”。[③]

虽然最终还是斩监候，但从上谕措辞并非怒斥詈骂来看，事情似乎还有缓颊的余地，而后来的事态发展也印证了这点。

三、督师镇江

1853年9月1日，因江南大营水陆协同不善，悍将邓绍良又在镇江城下

① 中国第一历史档案馆：《清政府镇压太平天国档案史料》6，社会科学文献出版社，1992年，第174页。

② 中国第一历史档案馆：《清政府镇压太平天国档案史料》7，社会科学文献出版社，1993年，第417页。

③ 《文宗实录》卷96，《清实录》41，中华书局，1986年，第350页。

狼狈战败。加之太平天国北伐军强渡黄河成功，怀庆（今沁阳）攻防战开始，清廷既惊且惧，亦需人孔急。内阁侍读学士德奎遂借此上折奏请将余万清暂释，责令戴罪自效。其折云：

> 查得刑部审拟已革提督余万清，籍隶浙江金华，近临江滨，幼悉水性，曾于咸丰二年三月间带兵赴粤西援剿贼匪，连获胜仗，旋解省围，于贼匪情形当所略悉。……（堵御蛇皮渡说辞）可见能以熟悉水性。
>
> 奴才系满洲世仆，与余万清素不谋面，无所取好于人。……现当江扬水面师舟屡不得力，奴才谨竭意见所及，冒昧直陈，恳求天恩，法外施仁，将已革提督余万清亦暂释羁囚，发往向荣军营听候差遣，帮带艇船，责令戴罪报效。

清廷接折后于当天批准，命将余万清“发往军营，饬令戴罪”。[①]

这次奏请和批准是余万清宦海沉浮中重要的转折点，至少脑袋是暂时保住了。

11月中旬，余万清赶到江南大营。其时因太平天国北伐，清廷调和春赴徐州驻防，邓绍良镇江师溃败后难于振作，署江宁将军苏布通阿又因天京城下战事繁乱剧烈不克赴镇。向荣权衡后将余万清派到镇江方向，统筹战守。向荣在奏报中指出：“余万清历练老成，才识颇优，较诸将似觉略胜一筹。即其感激圣恩，自必更加奋勉，所谓使功诚不如使过。且该革员曾任实缺，提督四川、湖南、广东官兵，均系从前部属，以之统带镇江水陆各军，甚为得宜。”[②]

到12月中旬，咸丰帝批示：“余万清尚知愧奋，着激励进攻，迅破镇江为要。”同时，对江南大营攻城不克的现状也有所了解，特别强调“至江南

① 中国第一历史档案馆：《清政府镇压太平天国档案史料》9，社会科学文献出版社，1993年，第18、19页。

② 中国第一历史档案馆：《清政府镇压太平天国档案史料》11，社会科学文献出版社，1994年，第12页。

情形如此铺张，总未克复，汝（向荣）尚有何面目自夸也”。①

1854年4月底，向荣在奏报提及余万清时云其“督师镇江，虽未立功，尚知愧奋，现当军务吃紧，仍饬照常竭力筹办，不准稍有贻误”。②

战事延宕至1854年6月中旬，咸丰帝为此十分恼火，颁谕向荣，明确指出：“余万清攻剿镇江贼匪是其专责，据奏节次禀报不过逐日打仗，未能克复。余万清本系获罪之员，著该大臣迅速确查，如果该革员不知奋勉，即行据实严参，无稍徇隐。”③

10月，向荣奏报镇江情况。其折云：

屡接余万清来禀称，闰七月二十一、二十二、二十三等日，该逆由北门、西门三次出攻。……均被官兵击败，仍复窜回城中。……又闻该逆有欲出城割稻之说，因与本地绅董商议开埂湮没，使贼无所掠食。又派官绅于夹江及各渡口分段查拿奸贩，使贼粮日见缺乏……

该革员到营任事，颇能激励兵勇，吊死问疾，与同甘苦，又出己资，以充赏恤，是以人皆乐为之用。……（虽）未能克复城池，然节次窜扰之贼均被击败，且斩馘亦复不少，……并与镇江将弁兵勇及地方绅董均称协力同心，所办军务尚无不合。④

清廷接报后，尚觉差强人意。遂再命向荣“责令余万清克复镇江，毋再迁延，致令窜逸。余万清本系戴罪效力之员，自到镇江督兵以来尚知愧奋。所有原定罪名，着加恩宽免，以观后效”。⑤ 该上谕使余万清摆脱了革职罪员的身份，从而有可能重新获得重用。

梳理相关史料，可知余万清在督师镇江期间，尚能听从幕僚下属意见，

① 《文宗实录》卷112，《清实录》41，中华书局，1986年，第758页。

② 中国第一历史档案馆：《清政府镇压太平天国档案史料》13，社会科学文献出版社，1994年，第491页。

③ 《文宗实录》卷131，《清实录》42，中华书局，1986年，第327页。

④ 中国第一历史档案馆：《清政府镇压太平天国档案史料》15，社会科学文献出版社，1994年，第412页。

⑤ 《文宗实录》卷147，《清实录》42，中华书局，1986，第583页。

采取招抚办法，诱降太平军中的动摇分子百余人，成立“忠义勇”，甚至太平军金山守将都有通款迹象。[①] 同时，“购递送伪文细作，如金陵、镇江逆首有伪文来往者，均令先送营中阅看。”[②] 这些“放长线钓大鱼”的做法，由于种种原因最终未能奏效，但其谋略仍对清廷镇压太平军有所帮助。

1855年2月17日，清江苏巡抚吉尔杭阿督队攻陷上海，小刀会起义敉平。清廷遂于次月命其帮办江南大营军务，移师镇江，继续攻城。吉尔杭阿为满洲镶黄旗人，亲贵出身，对清廷忠勇无二，但因未经挫磨历练，上海取胜又较为轻松，故有轻敌刚愎之失。其接统镇江军务后改变余万清的招抚手段，下令“凡受伪职及编贼队者，皆斩之”，结果“陷贼者遂不敢自拔，伪文亦无复送营矣”。[③]

但到1856年6月1日，江苏巡抚吉尔杭阿在镇江烟墩山大营阵亡。鉴于统领乏人，向荣奏请镇江军事暂由余万清统领。10日，清廷正式补授余万清为云南鹤丽镇总兵并留镇江督办防剿。[④] 但此时，太平军一破江南大营的行动已经开始。21日，太平军最终以战略决战的方式击溃围困天京的江南大营，向荣率残部退守丹阳。形势危急，清廷再命余万清“帮办江南军务”。[⑤]

不久，向荣因兵败羞愤难当，加之老病缠身，一命呜呼。清廷经反复斟酌，命和春继任江南大营主帅。到1857年3月，和春以余万清部委员庐应翔“劣迹昭彰”，奏请革职并撤去余万清帮办军务的头衔。清廷于3月5日颁诏批准。但咸丰帝对和春的用意并不清楚，遂于4月1日寄谕两江总督怡良，要求复按。上谕云：

---

① 龙盛运：《向荣时期的江南大营研究》，社会科学文献出版社，2011年，第54页。

② 《丹徒粤寇兵事纪略》，太平天国历史博物馆：《太平天国史料汇编》，凤凰出版社，2018年，第6541页。

③ 《镇江剿平粤匪记》，太平天国历史博物馆：《太平天国史料汇编》，凤凰出版社，2018年，第6437页。

④ 中国第一历史档案馆：《清政府镇压太平天国档案史料》18，社会科学文献出版社，1995年，第381页。

⑤ 《文宗实录》卷198，《清实录》43，中华书局，1987年，第148页。

> 余万清攻剿镇江，如果不能得力，该大臣早应据实参奏，何以因收用庐应翔一节辄请撤去帮办？恐和春因该员别有劣迹，遇事而发，著怡良一并密行访查。如余万清平庸，著该督会同和春于江南军营内察看何员可以接办镇江军务，酌保一二人速行奏闻，候旨更换。①

但前线战事仍在继续。到当年12月27日，卷土重来的江南大营最终夺回镇江，算是有场像样的胜利。清廷遂以此对在世人等加以升赏，余万清亦被赏戴花翎。但三个月后，1858年3月，余万清突然“因病解任”，清廷旋即以副将周天培顶替其总兵职务。② 时人笔记，余万清离任时“丹徒镇百姓送者以万计，与各局董事分别时犹下泪”。③

通观余万清督师镇江的近五年时间，军事上虽无大胜，亦无大败。但当1856年6月吉尔杭阿阵亡，镇江清军阵脚大乱，几乎全线溃退时，余万清督部扼守京岘山阵地成功不能不说是其平日抚循士卒的成果。诚如向荣事后所奏：“将士乐为效死，苦战经旬，卒能保全大局。”④ 但因其督师五年，不能克城，且奋勇不足，故时人笔记亦多有余部“少纪律，不得用”的差评。⑤

余万清解任后回到金华原籍，由于烽烟未消，他又算显宦，故在籍募有一定的勇练力量。1858年5月，余万清率团曾参与应对翼王石达开攻衢州的战备。清廷为此特下旨明确，金华方向的防守，由浙江巡抚传谕余万清“督练严防，毋许疏懈”。⑥

1861年初，从二次西征战场招兵买马实力壮大的太平天国忠王李秀成

① 中国第一历史档案馆：《清政府镇压太平天国档案史料》19，社会科学文献出版社，1995年，第239、271页。

② 《文宗实录》卷240、245，《清实录》43，中华书局，1987年，第718、783页。

③ 《蘋湖笔记》，罗尔纲、王庆成：《中国近代史资料丛刊续编·太平天国》5，广西师范大学出版社，2004年，第24页。

④ 《向荣奏稿》，太平天国历史博物馆：《太平天国史料汇编》，凤凰出版社，2018年，第3199页。

⑤ 《中兴别记》《平贼纪略》，太平天国历史博物馆：《太平天国史料汇编》，凤凰出版社，2018年，第51、1029页。

⑥ 《文宗实录》卷248、250，《清实录》43，中华书局，1987年，第845、863页。

部、侍王李世贤部开始经略浙江。浙江本地的莲蓬党亦积极活动，准备响应。浙江巡抚王有龄深恐里应外合，不断督促地方士绅团练堵御，余万清“请率众助剿”，王有龄“喜之，给以抬枪二百，配以铅弹火药”。而据时人笔记，余万清实则“借名敛钱三十万串，每村夜以竹竿燃数镫相照，实并无一人，官军败，其器械均以资寇矣”。[①]

5月28日，李世贤部攻占金华。清廷动员浙江地方势力加紧准备，命余力清“扼守义乌”，还要协同“进规金华”。[②] 但据义乌当地文人写余万清的纪事诗云：

> 处处征丁壮，村村议土团。谈兵纸上易，筑室道谋难。未睹功勋集，空令井里残。归田甘病废，枉作重臣看。[③]

总体而言，余万清有资历，有经验，勇于谋略亦有可嘉之处，在清代绿营中应该算合格之员。但受大环境因循畏葸的熏染，在面对太平军烽烟时，也基本拿不出应对之方，一退再退，全无寸功。这也多少反映出清廷原有经制兵力已朽不可用，因此晚清政治的革故鼎新、权力转移就不过是时间问题了。

① 《谈浙》，太平天国历史博物馆：《太平天国史料汇编》，凤凰出版社，2018年，第9471页。

② 《文宗实录》卷353，《清实录》44，中华书局，1987年，第1219页。

③ 《义乌兵事纪略·附录》，太平天国历史博物馆：《太平天国史料汇编》，凤凰出版社，2018年，第16595页。

孙中山、赵声、姚雨平对曾国藩的批判与决裂

经盛鸿[*]

摘　要：1912年1月孙中山在南京担任民国临时大总统期间，对处理当时遍布全国的曾国藩、左宗棠、李鸿章等前清显官的专祠，对正确认识历史与评价历史人物，提出了与前清时代完全不同的全新标准。而辛亥革命志士赵声、姚雨平对曾国藩的批判与决裂，与孙中山惊人的一致！曾国藩湘军在镇压太平天国运动中，对南京军民的大屠杀，给历史留下了永远抹不去的血腥一页，造成了南京数十年的破败、荒凉、落后，使得南京父老在数十年后，还"犹深愤恨"！广大民众对清廷、对曾国藩血腥大屠杀的罪恶，积年累月的愤恨，是辛亥革命党人最重要的思想来源，是他们高举反清民主革命大旗的最重要思想动力之一。

关键词：南京；孙中山；赵声；姚雨平；曾国藩；湘军大屠杀

一、孙中山对曾国藩专祠的批语与态度

1912年元旦（农历辛亥年十一月十三日），孙中山从上海乘火车来到南京，当晚，在原两江总督衙署，宣誓就任中华民国首任临时大总统，正式宣布建立中华民国临时政府。他在南京紧张工作了约3个月。

中华民国共和民主制度的建立，是无数革命烈士用鲜血与生命换来的！南京临时政府期间，临时大总统孙中山与黄兴等军政领导人，或发起、参加

---

*　经盛鸿，南京师范大学历史文博学院教授。

追悼大会，“以清酌致奠”，或发布祭文，或下令优恤，先后对陆皓东、史坚如、邹容、杨衢云、倪映典、温生才、黄花岗七十二烈士、陈敬岳、林冠慈、杨卓林、郑子瑜、吴樾、赵声、熊成基、杨笃生（杨守仁）、陈天华、武汉首义诸烈士等多位革命先烈，进行沉痛的追悼与崇高的表彰。

但在这期间，孙中山与民国临时政府遇到了一个棘手的问题：如何面对当时遍布南京、遍布全国的曾国藩、左宗棠、李鸿章等前清显宦的专祠。

1912 年 2 月底、3 月初，江西军政府都督马毓宝专门致电孙中山临时大总统，请示如何处置前清显宦曾国藩、左宗棠的专祠。1912 年 3 月 4 日，孙中山在致江西军政府都督马毓宝的复电中，就其请示如何处置前清显宦专祠一事，对为清王朝卖命而多年享受尊荣与祭祀的曾国藩、左宗棠之流，作了深刻的揭露与批判：

> 查前清专祠崇祀之显宦，莫如曾、左。然曾、左之所以得馨香俎豆者，特以彼能献同胞之骨肉于满廷，而满廷乃亦以尘饭土羹酬酢之，且欲诱吾汉族子孙万冀，视曾、左为师法，而遂其煮豆燃萁之计。从古专制家之蔑视公理，自谋私利，大抵如是，不特满清为然也。

孙中山指出，评价历史人物，“崇德报功，应以国利民福为衡准，而后不论何期，皆能血食。盖果功德在民，斯民亦永矢勿谖，荣以崇祀，庶标矩檴。若功不过一姓之良，绩不过一时之著，此当时资其效用者，固宜图有以报称之，而与后世何与焉?”①

孙中山的指示，为中国民众正确认识历史与评价历史人物，提出了与前清时代完全不同的全新的标准：为民主共和制度的诞生，为中国的社会进步，而献身的英烈们，如泰山高耸入云，永垂不朽；而为皇权专制独裁政权卖命的达官贵人，其实质是专制独裁政权的奴才与走狗，如过眼云烟，转瞬即逝；或如粪坑般遗臭万年！

---

① 孙中山：《复马毓宝电》，中国社会科学院近代史研究所中华民国史研究室等合编：《孙中山全集》第二卷，中华书局，1982 年，第 175 页。

联想到孙中山早年从事反清民主革命活动时，曾自号“洪秀全第二”，将当时被清政府与广大受欺骗的中国民众视若洪水猛兽的太平天国领导人作为自己学习与崇拜的偶像。在1904年，他为汉公刘成禺编著的《太平天国战史》所作序中说：“满清窃国二百余年，明逸老之流风遗韵，荡然无存。士大夫又久处异族笼络压抑之下，习与相忘，廉耻道丧，莫此为甚。虽以罗、曾、左、郭号称学者，终不明春秋大义，日陷于以汉攻汉之策，太平天国遂底于亡。岂天未厌胡运欤？汉子孙不肖应使然欤？抑当时战略失宜有以致之欤？……”[①] 孙中山对镇压太平天国的罗泽南、曾国藩、左宗棠、郭嵩焘等湘军头面人物的批判，可知其对中国历史人物的认识与评价是一以贯之的。

二、江苏辛亥革命志士赵声砸毁玄武湖的曾国藩画像

辛亥革命党人的历史观，对曾国藩等这些前清王朝的达官贵人、功臣显宦的认识与评价、批判与决裂是一脉相承、始终如一的。不仅是孙中山，其他许多革命党人也是如此。例如，江苏著名的革命党领导人赵声，在1906年曾率第九镇三十三标官兵砸烂、烧毁玄武湖的曾国藩画像，可见辛亥革命志士的思想认识与历史观是一致的。

赵声，原名毓声，字百先，号伯先，曾用名宋王孙、葛念慈等，江苏镇江府丹徒县大港镇人。1881年3月16日（清光绪七年辛巳二月十七日）生。[②] 因生于百花节前夕，故号百先。他有“我生偏在百花先”之句。幼极聪明，少有大志，仗义执言，习文练武，8岁能文，9岁应试；14岁那年，有乡人无辜被污吏拘捕，其母泣请赵声父亲营救，而赵声抢先一步，已入狱砸枷，救出乡民。1895年甲午战败的消息传来，15岁的赵声“闻之，悲愤

① 孙中山：《〈太平天国战史〉序》，汉公刘成禺编著：《太平天国战史》前编，东京祖国杂志社出版；中国社会科学院近代史研究所中华民国史研究室等合编：《孙中山全集》第一卷，中华书局，1981年，第258—259页。

② 孙亦农：《民主革命先烈赵声情况简介》，丹徒县政协文史资料研究委员会编：《丹徒文史资料》第一辑；周新国等编著：《赵声研究综览》，江苏人民出版社，2021年，第216页。

不甚，一室拊膺，闭门饮泣”。1899 年，19 岁的赵声中了秀才，后又被举为拔贡，亲友来贺，他说：“丈夫当为国宣力，区区一秀才何足言!”他“志趣高远，器识闳达……躯干伟岸，精力雄壮，喜拳法，好作诗，然不事试帖，爱古歌行，兴酣命笔，俄顷而就，不假修饰，多激昂悲壮之音，博览新籍，志益摅发。”①

1900 年 12 月，其母病故后，20 岁的赵声只身离家，到江宁（南京）一候补知县家廾馆授读，生活贫苦，适逢辛丑多事之年，其在日记里写道：“自思生此时事孔亟之秋，又自知命薄，将来不知何时了局也。闷坐片时，不觉垂泪。”他“至明故宫，禾黍苍凉，亦可悲矣”，② 油然生出明清易代的故国之思，勾起他传统的汉民族反清思想，“生平最崇拜岳武穆、明太祖，自号雄愁子。”③这年秋，他以第一名成绩，考取南京的江南水师学堂，改名赵声，在校日渐倾向反清，深得同学拥护，与同学友人组织“知耻学社”。该校学生苦于学校管束，推举赵声与校方交涉，要求改革学校章程，因言辞激烈，与校方发生冲突，被迫自请退学。他暂居僧寺，落拓不堪。不久，他偶代南京的江南陆师学堂的一个学生作文被该校监督俞明震发现，后者大为赏识，破格收其就读。他在江南陆师学堂期间，课余研究西方民主政治著作，深感国事非改革专制体制不可，常向同学说，我们今天发奋苦读，不是为了发财做官，而是准备以后亲手从黑暗中拯救国家。“时革命潮流方入扬子江，（赵声）烈士大喜叫绝曰：‘此吾腹中所欲言，不图竟有先我而发者’，遂以革命事业自任。”④

赵声从陆师学堂毕业后，于 1903 年 2 月，东渡日本考察，得识黄兴、何香凝等，进一步受到反清革命与民主共和思想的影响，深信中国大有希望，革命贵在实行。1903 年夏，赵声从日本回国，在家乡大港镇创办“阅书报社”，介绍民众阅读在上海、日本出版的革命书报杂志，宣传救国主张；又创办小学堂、体育会，吸引许多有志青年接受训练，学习军事，培养了冷

① 佚名：《赵烈士事略》，周新国等编著：《赵声研究综览》，第 92 页。
② 赵声：《赵伯先日记鳞爪》，《建国月刊》（南京）第十一卷第五期，1936 年，第 2、5 页。
③ 佚名：《赵烈士事略》，周新国等编著：《赵声研究综览》，第 92 页。
④ 佚名：《赵烈士事略》，周新国等编著：《赵声研究综览》，第 92 页。

通、李竟成、宋建侯、阮德山等革命军事人才。后来，冷遹、李竟成成为江苏辛亥革命中的军事骨干；宋建侯、阮德山等则在广州黄花岗起义中成为烈士。1903 年 9 月，赵声应聘担任江宁三江师范学堂教员，“全校教员学生无不倾仰（赵声）烈士之为人，而烈士与校中人感情亦益厚。烈士内结同校之教员学生，外结相识之同志，声气翕合，徒党日繁，乃开会于北极阁，演说民族主义，图进行”。

1905 年（清光绪三十一年）秋，江苏组建新军第九镇（师）。第九镇是晚清首先实行征兵制的新军，要求官兵具有较高的文化素质。征兵时，江苏、安徽、福建等省很多有革命倾向的知识青年报名从军。一些革命党人为了取得军权，纷纷参加，在军队中开展革命活动，为首的就是赵声。

赵声原在江宁的三江师范学堂任教。如前所述，他在 1903 年 9 月，在江宁北极阁集会上发表宣传革命的演说，造成很大影响。为此，他引起清廷官吏的嫉恨，后又因组织“强国会”事泄，不得不于 1904 年初远走湖南，任长沙实业学堂教员。他受到湖南学界革命思想的熏陶，反清革命思想更加强烈。1904 年 6 月，他闻直隶总督袁世凯扩练北洋军，遂北上保定，遇到安徽革命党人吴樾，互倾肝胆。当时吴樾正密谋在北京刺杀清廷的出洋五大臣，两人别后，赵声曾写诗赠吴樾，其中有“大好头颅拼一掷，太空追攫国民魂”一句，抒发革命豪情。1905 年秋，江苏省创建新军第九镇，赵声由在第九镇中任宪兵司令的同乡友人陶骏保邀荐，回到江宁，入督练公所，先后任参谋官、江阴新军教练。

当时，新军第九镇初建，赵声奉命征兵，遇到很大困难。“征兵初开办，异论纷起，阻力百出，应征者颇少。烈士（指赵声）乃奔走故乡，苦心剖析，晓以大义，卒至应征者踊跃，烈士魁博亦多投笔而起，故第九镇兵士，镇江人最多，而文明为全国陆军冠……南京征兵雄武侠烈之名誉，扬溢日远，声震全国。”[①]赵声以其杰出的军事才能，深得第九镇统制徐绍桢的赏识，“征兵事竣”，就被徐绍桢任为第九镇驻南京的第十七协三十三标二营管带（营长）；不久，升任第三十三标统带（亦称标统，团长）。

---

① 佚名：《赵烈士事略》，周新国等编著：《赵声研究综览》，第 94 页。

第三十三标标部位于江宁城北三牌楼。赵声时龄25岁，“生得身材魁伟，不类南人，长面竖眉，声音洪亮，眉宇间有一股威严之像，故大家称他为‘活关公’”。[①]他“生活朴素，月寄五十金供堂上甘旨，余尽接济诸同志，尝有句云：‘愿交天下士，罄我怀中藏’，治军纪律严明，勤加操练”，[②]在新军官兵中享有极高的威望。

赵声利用其职务之便，积极地开展革命活动，“首重军人精神教育，以养成兵士革命思想为第一要义。复于营内设阅书报社，期扩充兵士世界知识。星期每袖明太祖像，率兵至明陵散步，指像演说有明兴亡及满族凌虐事”，痛叙朱明兴亡故事，揭露清军入关残杀汉人的罪行，“言至痛心处，常放声大哭，闻者无不堕泪。于是兵士皆知祖国之仇，恨异族窃据，切齿攘臂”，决心誓死跟从赵声起义，报仇雪恨。“不半年，军人革命思想即普及全镇。”[③]

有一次，赵声带领士兵游览南京的风景名胜玄武湖（又称后湖），“游后湖神祠，见曾国藩画像，指谓军士曰：此吾汉族败类也，相与摔而火之。声之鼓舞军士，事多类此。军士受其训练久，精锐整肃，遂为江南冠。”[④]赵声带领士兵在后湖神祠，见到被清廷奉为圣人的曾国藩画像。赵声作为标统（团长），亲自向其部官兵们历数、痛斥了曾国藩指挥湘军，在江宁等地血腥屠杀军民的罪恶，指挥官兵们砸烂、烧毁了曾国藩画像。这就是辛亥革命史上著名的赵声砸毁玄武湖曾国藩画像事件，一时造成很大的影响。

这事发生在1906年，即清光绪三十二年，可见这时的赵声与1912年（民国元年）的孙中山，在对曾国藩等这些前清王朝的达官贵人、功臣显宦的认识与评价、批判与决裂上，竟然是惊人的一致！

1907年初，赵声在新军中的革命活动被两江总督端方察觉，不得不离江宁南下，参加孙中山、黄兴领导的同盟会革命活动。他们在南洋商讨决定

① 陈铭枢：《陈铭枢回忆录》，中国文史出版社，1996年10月，第10页。

② 赵启騄：《赵声革命事迹》，中国人民政治协商会议全国委员会文史资料研究委员会编：《辛亥革命回忆录》第四集，文史资料出版社，1981年，第300页。

③ 佚名：《赵烈士事略》，周新国等编著：《赵声研究综览》，第94页。

④ 张相文：《赵声传》，《南园丛稿》卷八；转引自周新国等编著：《赵声研究综览》，第73页。

发动革命大举之策，1909 年 10 月，赵声奉命担任广州新军起义总指挥并制定具体军事计划。1911 年 3 月 29 日，赵声率部赶往广州，参加黄花岗起义，因故未遂，5 月 18 日，怀着壮志未酬的悲愤，溘然长逝，年仅 30 岁。

三、1932 年监察委员姚雨平要求撤销莫愁湖胜棋楼中曾国藩挂像

1932 年 9、10 月间，发生了国民政府监察委员姚雨平要求撤销莫愁湖胜棋楼中曾国藩挂像的事件，轰动一时。

莫愁湖，位于南京水西门外，胜棋楼是莫愁湖畔最有名的建筑，也是莫愁湖的主景点。1853 年 3 月，太平军攻占江宁，改名天京。清廷立即调动大军围攻，到 1864 年 7 月 19 日，曾国藩的湘军终于攻入天京。数十年间连绵不断的战火将莫愁湖的园林、建筑、古迹毁坏殆尽。曾国藩为了迅速恢复社会秩序，抓紧修复了江南贡院、江宁学宫、钟山书院、尊经书院、惜阴书院在内的各类学府，以及鸡鸣寺、扫叶楼、莫愁湖的华严庵等名胜古迹；1871 年春，他重修莫愁湖的郁金堂、胜棋楼。同年六月，湖楼落成，华堂曲槛，渐复旧观。曾国藩开宴湖上，延宾客共 18 人。桂文灿作《莫愁湖雅集图》，薛时雨赋诗以记……1872 年 3 月 12 日，曾国藩病逝于江宁的两江总督署。江宁官绅为纪念曾国藩，在胜棋楼中悬挂曾国藩像；1888 年，江宁藩司（布政使）许振祎在莫愁湖郁金堂四合院之西，建“曾公阁”，题额为“曾徐千古”，将曾国藩与徐达并列，且置之于徐达之前。①

1911 年 10 月 10 日武昌起义爆发，辛亥革命的浪潮席卷全国。1912 年 1 月 1 日，中华民国临时政府在南京成立。南方独立各省纷纷派遣军队到南京，组织北伐军，对摇摇欲坠的清廷发起北伐。其中，担任广东北伐军总司令的姚雨平，于 1912 年初，率部约 8 000 人抵达南京，奉民国临时政府大总统孙中山令，指挥粤军，过长江，入安徽，作为北伐军主力，在固镇、宿

① 南京市莫愁湖管理处编：《南京莫愁湖志》“莫愁湖史事年表”，中央文献出版社，2005 年版。

州、徐州，三战三捷，击败北洋军张勋等部，为辛亥革命作出了重大贡献。南北议和达成后，姚雨平率粤军回师南京，历任广东讨虏军总司令、中央陆军第四军军长、总统府顾问。

姚雨平，谱名士云，字宇龙，别号立人，法名妙云，1882 年 3 月 23 日生。广东省嘉应州平远县大柘丰光村（今属梅州市）人。先后毕业于岭东国文学堂、广东陆军速成学堂；1907 年参加中国同盟会；1911 年，与黄兴、赵声等策划组织广州黄花岗起义，任调度部长；1911 年 10 月参加广州光复，后率广东北伐军到南京。

姚雨平率部回师南京后，指示将粤北伐阵亡将士遗骸运回南京，安葬于南京城西风景秀丽的莫愁湖西岸，建“建国粤军烈士墓”。1912 年 3 月，南京民国临时政府举行了隆重的安葬粤军烈士仪式，孙中山题碑“建国成仁”，勒石于墓前；黄兴撰“粤军殉难烈士之碑”碑文，姚雨平撰了“祭文碑”与一副对联：

> 渡江率子弟八千，淮上收功，破虏永除专制政；
> 流血数健儿二十，国殇不死，雄风长在莫愁湖。①

当时，以孙中山为首的南京临时政府对曾国藩等清廷忠臣显宦作了严肃批判，已如前述。莫愁湖胜棋楼中悬挂的曾国藩像被撤除；“曾公阁”改作他用，后于 1931 年水灾中倒塌。

1912 年 5 月，姚雨平回到广东，被授为陆军中将加陆军上将衔。在后来的风云起伏中，他先后参加了讨袁护国运动、护法运动、讨伐陈炯明的斗争，历任汕头卫戍司令、中央直辖警备军司令、惠州安抚使、广东治河督办等职。1925 年 3 月 12 日，孙中山在北京逝世，姚雨平参加治丧工作并护送孙中山灵柩到南京。1927 年 4 月南京国民政府建立后，姚雨平历任国民政府参议、潮汕军事特派员、监察院监察委员等职。

---

① 姚雨平：《武昌起义后粤军北伐始末》，中国人民政治协商会议全国委员会文史资料研究委员会编：《辛亥革命回忆录》第一集，中华书局，1961 年，第 426 页。

姚雨平在南京任职时，每年春秋二季，均至莫愁湖，巡视“建国粤军烈士墓”，悼念烈士。1932 年 9 月 18 日，他循例再次来到莫愁湖，适见胜棋楼重新整治，乃上楼游览。楼上向来挂有中山王徐达之像。姚雨平登楼，不意于楼上发现曾国藩之大挂像一幅，悬于后堂（前堂孔子牌位），当以曾氏效忠异族，不明民族大义，辛亥光复时，在南京举义之革命军，曾将该处挂像撤除，念年未来再悬挂。1932 年 9 月 18 日那天，正是九一八事变爆发一周年，溥仪受日本帝国主义卵翼，于 1932 年 3 月在东北长春建立伪满洲国，图谋复辟，现在姚雨平忽见将前清所认为唯一之中兴功臣曾国藩画像恢复高悬于首都名胜之胜棋楼上，他认为，这与政府立场、社会人心不无影响。因询问该管理员是否奉长官命令悬挂，据云系自己意思所主张，姚雨平乃以上项理由，向其解说，彼亦深以为然，自动将该画像取下收藏。

此事传开后，一时引起不小的轰动与争议。姚雨平向新闻界表白了自己的心迹与想法。1932 年 10 月 6 日，《民报》刊登题为《莫愁湖胜棋楼中撤去曾国藩挂像·姚雨平表白其理由》一文，其中云：

监察委员姚雨平，为撤除莫愁湖胜棋楼曾国藩挂像事，致函本社（中央社），述其真相如下：

径启者。雨平在京每年春秋二季，均至莫愁湖巡视辛亥粤军北伐阵亡将士墓，九月十八日星期公暇循例前往，适见胜棋楼重新整治，乃上楼游览，不意于楼上发见曾国藩之大挂像一幅，悬于后堂（前堂孔子牌位），当以曾氏效忠异族，不明民族大义，辛亥光复时，在南京举义之革命军，曾将该处挂像撤除，念年未来再悬挂，兹值专制遗孽受帝国主义卵翼，在东北复辟之际，忽将满清所认为唯一之中兴功臣曾国藩画像恢复高悬于首都名胜之胜棋楼上，殊与党国立场社会人心不无影响。因询问该管理员是否奉长官命令悬挂，据云系自己意思所主张。雨平乃以上项理由，向其解说，彼亦深以为然，自动将该画像取下收藏。连日各报所登关于是项纪载，稍有出入，特将当日情形录寄，请予分发各报登载，以明真相。至曾氏之攻灭太平天国，功罪如何？总理于太平天国战史序中，已有论断，内一段云：“……满清窃国二百余年，明遗老之流风遗韵，荡然无存，士大夫又久处异族笼络压抑之下，习与相忘，廉耻道丧，莫此为甚，虽以罗曾刘郭号称学者，终不明春秋大义，日陷以汉攻汉之策，太平天国遂底于亡……”我国民党同志，均尊奉总理遗教，固不必再事论议也云云。

1932年11月12日，《晶报》刊登了署名“白门”撰写的《姚雨平莫愁撤曾象》一文，叙述了此事的原委。文章中云：

姚雨平先生，一老革命家也，与中山为老友，而叶楚伧之未为新闻记者时，即在其幕中。国民政府成立，姚仅为某处一科员，及于□组织监察院，始徵之为监察委员，盖政府之设监察院，亦所以位置此辈革命前辈而已。首都之莫愁湖畔，有辛亥粤军北伐阵亡将士墓在也，姚亦粤人，曾总师干，每当春秋佳日，辄往凭吊先烈之墓，本年九一八，适值星期日，姚循例前往，见莫愁湖上之胜棋楼重新修理，乃上楼游览，则见将曾国藩之大挂像，悬于后台，按莫愁湖之胜棋楼，向悬曾国藩像，曾忆杨千里有“江天小阁坐人豪”之句，厥后革命军兴，即便撤除。姚此时询问管理员，何以又悬曾像，是否长官命令，管理员因言出于己意，姚即向其辞释，曾氏效忠异族，不明民族大义，管理员乃自动将该画像取下收藏。于是南京之小报，乃发为“监察员弹劾曾国藩”之趣语，意谓监察员对于活之大员，不能动其毫发，只能将已死之曾国藩出气云云。其实姚雨平不过偶然看到，向管理员曾随意指点而已，而管理员之何以在此时间，忽将多年撤除之满清中兴功臣曾文正公挂像高悬，意者闻当世伟人，常有称赞曾国藩之为人，遂揣摩风气而出此欤。

但姚雨平此举遭到南京国民政府中一些人的反对，不久以后，竟将曾国藩画像重新挂上胜棋楼。1932年11月15日，《社会日报》的“短小精悍”新闻栏目中刊登题为《胜棋楼曾像重见》的报道，其中云：

南京莫愁湖，胜棋楼上之曾国藩像，经一监察委员之弹劾，当即取下，藏诸箱箧，当时各报章腾载其事，资为谭助。但至现在，经中政会之决议，饬南京市政府，将胜棋楼上之曾像，重行挂上，说者谓区区一像之悬挂问题，竟提出于中政会议席上，何必如此慎重也。

这则报道写了胜棋楼上曾经有过曾国藩的画像，遭到了“一监察委员”的“弹劾”，随即取下，又经“中政会”的商议后重新挂上。“区区一像之悬挂问题，竟提出于中政会议席上”，或许有着更深层次的含义。

1946年，著名历史学家黄裳以记者身份来到南京，走访了许多地方，写了一册《金陵杂记》，其中有一篇《莫愁湖》记述了他从水西门寻访莫愁湖畔的华严庵、胜棋楼、郁金堂，谈到已不复存在的曾公阁，谈到胜棋楼中尚挂着的曾国藩的一张照片，谈到对曾国藩的看法：

在这旁边，本来是有一个曾公阁的，祀曾国藩。上面有曾的画像，并传说联语有“江天小阁坐人豪”之句，很多人常常称道。现在曾公阁没有了，遗像也不知何处去，只有一张照片还挂在胜棋楼中，穿了大布袍子，长髯垂拂，大有“仙风道骨”之意。曾在重收金陵之后，重建湖楼，恢复秦淮画舫，然而却不曾因此而被骂成叛徒，俨然仍高距“道统”之尊，选古文，修文庙，除了中兴了清朝的统治之外，也中兴了从韩愈以来就衰微了的“圣道”。虽然到了现在，社会上的毁誉不一，有的痛骂，有的大捧，一部家书，也成了升官的秘册宝籍。然而在南京，曾的遗迹，真是零落殆尽了。一所祠堂，现已改为蒙藏委员会，几进大厅都成了办公室或宿舍，只在这里还可以看到一张照片。[①]

姚雨平在抗日战争爆发后，回到广东家乡，致力于难民救济工作；1939年至重庆，任国民政府顾问；抗战胜利后，携家属往香港居住；1950年，举家由香港回到广东，姚历任广东省人民政府参事室主任、省人大代表、省

① 黄裳：《金陵五记》，金陵书画社，1982年，第87页。

政协常委、民革中央委员等职；1974 年，在广州逝世，终年 93 岁。

四、1864 年 7 月 19 日曾国藩湘军攻克江宁后的大屠杀

从孙中山，到赵声、姚雨平，辛亥革命党人对曾国藩等这些前清王朝的达官贵人、功臣显宦的认识与评价、批判与决裂，为什么是如此惊人的一致?

据史料记载，1853 年 3 月太平军初入江宁时，军纪严明，“并未焚杀，百姓安堵如故”,[①] 得到了江宁广大基层劳苦民众的欢迎与拥护。太平天国改江宁为天京。

清政府先后调来大批军队，在江北浦口建江北大营，在孝陵卫建江南大营，包围天京，围剿太平军。后来曾国藩的湘军成为太平军的主要敌人，抱着对起义军民的强烈仇恨，在曾国藩发出的“虽使周孔生今，断无不力谋诛灭之理。既谋诛灭，断无以多杀为悔之理”[②] 的号召下，对天京太平军与普通百姓进行了长期的残酷野蛮的烧杀抢掠。在十多年时间中，天京地区成为清军与太平军激烈战争的最重要战场。天京城四周山野间，到处裸露着大量的双方阵亡官兵与牲畜的尸体，不及掩埋。

对天京造成毁灭性灾难的，无疑是湘军在 1864 年 7 月 19 日攻破此城后，对全城进行的骇人听闻的血腥屠杀。1864 年 7 月 19 日天京城被曾国藩的湘军攻破。此时，太平天国天王洪秀全已经于一个月前病故，他的儿子幼天王洪天贵福由忠王李秀成等保护，冲出天京城，逃往浙江。湘军攻入天京后，在曾国藩的授意下，由其弟曾国荃指挥，对全城进行了多日骇人听闻的血腥屠杀：见人就杀，见屋就烧，见财物和女子就哄抢，杀得秦淮河河水被染红，哭声震动四野，尸体涌入长江，几乎阻塞了航道。天京城内几乎连一

① 谭嗣同:《上欧阳中鹄》，蔡尚思、方行编:《谭嗣同全集》下册，中华书局，1990 年，第 466 页。

② 《曾文正公全集·家书》咸丰十一年六月十二日，光绪传忠书局刻本。

棵完整的树都找不到了。

据曾国藩向清廷上奏所说：湘军攻入南京后，“……分段搜杀，三日之间毙贼共十余万人。秦淮长河，尸首如麻，……三日夜火光不息”，“城内自伪宫逆府以及民房悉付一炷”，“万室焚烧，百物荡尽，而贡院幸存”，“自五代以来，生灵涂炭，殆无愈于今日”。[①] 如果不是曾国藩亲自记载，可能有人认为这是造谣。

被湘军杀死的，固然有许多太平军将士，但绝大多数是南京本地的老百姓，其中又多是老弱妇幼。曾国藩的幕僚赵烈文当时随湘军入城。他在日记中记载说：“老弱本地人民不能挑担，又无窖可挖者，尽遭杀死。沿街死尸，十之九皆老者；其幼孩未满二三岁者，亦砍戮以为戏，匍匐道上；妇女四十岁以下者，一人俱无；老者无不负伤，或十余刀、数十刀，哀号之声达于四远。其乱如此，可为发指”；湘军萧孚泗等部在劫掠天王府、忠王府等后，“取出金银不赀，即纵火烧屋以灭迹。”[②]

南京屠城让曾国藩背上了“曾剃头”的帽子。当时南京有这样一个段子，湘军屠城后，生活在南京的老百姓，如果谁家孩子哭闹，只要父母说“再哭，曾剃头就来了”，孩子们立即吓得不敢哭闹。它说明，曾国藩指挥湘军在南京城的屠城行动，成为当时南京幸存老百姓内心深处挥之不去的阴影。

近年，在南京城东郊前湖旁边，发现了一方镌刻有“同治六年杏月　穀旦　白骨塚　乐善堂收埋公局立”等字样的青石碑。石碑露出地面高约 1 米，宽约 0.35 米，厚度不均，宽处有 0.18 米。字阴刻，上、下款正书。同治六年，即 1867 年；杏月为二月，也就是同治六年（1867 年）二月立碑，时距太平天国覆亡已过去近三年时间。从南京城内外收集的累累尸骨被集中掩埋此处，故曰“白骨塚”。下款“乐善堂收埋公局”，查乐善堂设立于同治五年，即 1866 年，位于南京李府巷，是南京设立较早的慈善机构。青石

① 曾国藩：《金陵克复全股悍贼尽数歼灭折》，《曾文正公全集·奏稿》，第 20 卷，第 81 页。

② 赵烈文：《能静居士日记》（同治三年六月二十九日），中国史学会主编：《中国近代史资料丛刊·太平天国》第三册，上海人民出版社，1957 年，第 376 页。

碑后的“白骨塚”现在早已湮灭无存。

曾国藩湘军对南京军民的屠杀，给历史留下了永远抹不去的血腥一页！

五、湘军大屠城后江宁（南京）城数十年的荒凉

在 1864 年 7 月湘军的血腥大屠杀后，壮丽的古城南京经此毁灭性的浩劫后，变成了一片瓦砾，一座荡然无存的空城。“十年壮丽天王府，化作荒庄野鸽飞”（何绍基：《咏天王府》）。南京四周的郊区农村，直到江苏省、安徽省的广大江南地区，一片荒凉恐怖。赵烈文在其《能静居士日记》同治三年六月二十九日记载：“皖南及江宁各属，市人肉以相食，或数十里野无耕种，村无炊烟。”

南京屠城一年以后，清同治四年（1865），李鸿章到南京就任两江总督。他所看到的是：“金陵一座空城，四围荒田，善后无从着手。……实则无屋、无人、无钱。管、葛居此，亦当束手，……似须百年方冀复归也。”[①] 李鸿章的友人竟劝他将两江总督衙门移往扬州。

经此浩劫，南京城居民锐减。战前，在 1853 年，南京有人口约 97 万；到 1867 年，南京“居民才八九千”，“鹄面菜色相与行乞于道”，特别是在朝天宫以北的南京城广大地区，“极目百里，不复见一民一物，惟瓦砾满前，荆榛塞道，天阴鬼哭，正不待夕阳时也”。[②]

20 年后，南京所辖各郊县，耕地仍有一半以上荒芜，无人耕种。清光绪八年（1882）二月，左宗棠到南京就任两江总督，他描绘当时的南京是：“江南克服廿年，而城邑萧条，四野不辟，劫窃之案频闻。金陵向非贸易埠头，人烟寥落，近则破瓦颓垣，蒿莱满目，虽非荒歉之年，而待赈者恒至二万数千之多，较之四十年前光景，判若霄壤。”[③]

直到清光绪二十三年（1897），距湘军屠城已 30 多年，18 岁的安庆秀

① 李鸿章：《复郭筠仙中丞》，吴汝伦编：《李文忠公全集》朋僚函稿卷六，光绪三十四年刻本，第 34 页。

② 汪士铎：《致王柏心书》，《道咸同光名人手札》第二集第三册，商务印书馆，2017 年。

③ 左宗棠：《与徐小云太常》，《左文襄公全集·书牍》卷二十五，第 49 页。

才陈独秀到江宁参加会试。他乘毛驴，从城北仪凤门进城。他看到当时的南京景况是："城北几条大街道之平阔，诚然比起安庆来在天上，然而房屋却和安庆一样的矮小破烂，城北一带的荒凉，也和安庆是弟兄，南京所有的特色，只是一个'大'。可是房屋虽然破烂，好像人血堆起来的洋房还没有；城厢内外唯一的交通工具，只有小驴子，跑起路来，驴子头间一串铃铛的叮铃当啷声，和四个小蹄子的嘚嘚声相应和着，坐在驴背上的人，似乎都有点诗意。……城南的街道和安庆一样窄小。"①

也在1897年，湖南的维新志士谭嗣同出任江苏候补知府，来到江宁。他见到的江宁仍是一片破败凄惨景象。他气愤地写道："顷来金陵，见满地荒寒气象。本地人言，……不料湘军一破城，见人即杀，见屋即烧，子女玉帛扫数悉入于湘军，而金陵遂永穷矣。至今父老言之，犹深愤恨。"②

结　语

数十年的破败、荒凉、落后，这就是晚清江苏的首府江宁，这就是辛亥革命前夕的南京。而南京父老，"犹深愤恨"！广大民众对清政府、对曾国藩之流在南京等地血腥大屠杀的罪恶，积年累月的愤恨，是辛亥革命党人最重要的思想来源，是他们高举反清民主革命大旗的最重要思想动力之一。

---

① 陈独秀：《实庵自传》，《陈独秀文章选编》下册，读书·生活·新知三联书店，1984年，第560页。

② 谭嗣同：《上欧阳中鹄》，蔡尚思、方行编：《谭嗣同全集》下册，第466页。

青年论坛

太平军第一次进军扬州时官民的因应及社会心态

纪逸好*

摘　要：咸丰三年（1853）太平军首次攻占扬州之役，反映了晚清地方治理危机下的社会分化：官吏普遍避战失职，士绅抵抗策略各异，民众则以逃徙或归附求存。社会各阶层的离心离德，致使太平军轻取东南重镇，折射出清王朝在太平天国初期应对的失败。清军复城后，地方社会仍深陷秩序真空与民生凋敝的困局。扬州作为太平军在江南地区最先攻克的三座城市之一，当地官绅民的因应具有示范效应和警示意义。变乱局势下，如何整合社会力量、重建统治秩序，始终是考验执政者的重要命题。

关键词：太平军；扬州；官绅民；社会心态

引　言

咸丰三年二月，太平军“自江宁分两路窜入镇、扬”，扬州官、绅、民的因应各异：官吏“同画守御之策”“暂避城外”，绅商“欲效前事，以赂止之”，民众“安堵无恐”“先期逃避者，不过十之一二”。太平军进入扬州城后，起初秋毫无犯，不久便“下重闭之令，树帜负隅”，占领扬州。①

不同社会群体面对太平军的反应大相径庭，“贿贼”“避贼”与“迎贼”

*　纪逸好，北京大学历史系。

①　夏燮：《粤氛纪事》，太平天国历史博物馆编：《太平天国史料汇编》第3册，凤凰出版社，2018年，第1243—1244页。

等举动所反映的心理是昧于形势、见风使舵、被逼无奈还是心甘情愿？在同一群体内部也会呈现出不同的态度和立场，影响其行为抉择发生转变的因素又有哪些？在此基础上，可进一步探究社会大众对太平军的认知，以及扬州战局对时势的影响。

从社会史的角度研究太平天国，前人已有较多著述，如探究太平天国政权与不同社会群体的互动，[①] 以民间视角考察社会基层，[②] 聚焦于区域社会，研究太平天国治理下某一区域民众的政治态度和社会情况。[③] 就区域来说，太平军足迹遍布18个省，研究成果主要集中于江浙皖赣等几个经略时间较长、影响较大的省，还有很多区域有待深入研究。[④] 这些区域中，南京、苏州等地尤为受到“青睐”。[⑤] “贼起广西，灭在扬州”[⑥]，但学界有关“太平军在扬州”的区域史研究较少，研究对象主要为太平军和清方势力，[⑦] 缺乏从民间视角对社会大众的考察。

“广西盗之东下也，扬州府城凡三陷沦寇，岁月以癸丑为最久。”[⑧] 太平

---

① 孔飞力：《中华帝国晚期的叛乱及其敌人——1796—1864年的军事化与社会结构》，中国社会科学出版社，1990年；贾熟村：《太平天国时期的地主阶级》，广西人民出版社，1991年；张德顺：《士与太平天国》，南京出版社，2003年。

② 刘晨：《太平天国社会史》，中国社会科学出版社，2019年；梅尔清：《躁动的亡魂：太平天国战争的暴力、失序与死亡》，台湾卫城出版社，2020年。

③ 方英：《太平天国时期安徽士绅的分化与地方社会》，《安徽史学》2012年第5期；杨国安：《“从贼”与“反贼”：变乱格局下地方绅民的反应及其关系网络——以咸丰年间太平军挺进两湖之际为中心的考察》，《江汉论坛》2012年第9期；刘晨：《太平天国时期江南地区的社会恐慌——兼谈太平军恐怖形象之成因》，《安徽史学》2018年第5期。

④ 顾建娣：《区域史视域下的太平天国史研究》，《湖北社会科学》2019年第12期，第112页。

⑤ 王蒙：《太平天国战争时期扬州地区的秩序重建与地方治理——以清军“一复扬城”为考察中心》，《太平天国及晚清社会研究》第8辑。

⑥ 倪在田：《扬州御寇录》，太平天国历史博物馆编：《太平天国史料汇编》第15册，凤凰出版社，2018年，第6845页。

⑦ 周邨：《太平军在扬州》，上海人民出版社，1957年；周邨：《太平军三下扬州》，江苏人民出版社，1956年；薛冠愚：《太平天国运动对扬州衰落的影响》，《淮阴工学院学报》，2012年第4期；王蒙：《太平天国战争时期扬州地区的秩序重建与地方治理——以清军“一复扬城”为考察中心》，《太平天国及晚清社会研究》第8辑。

⑧ 谢延庚等修，刘寿增纂：《江都县续志》，光绪九年刊本，《中国方志丛书·华中地方·第二六号》，（台湾）成文出版社，1970年，第501页。

军三次进军扬州，第一次占领时间最长，且人口大多滞留城中，最能反映社会情况，最具代表性和特殊性。本文试图将区域社会、社会分化和民间视角三者结合，考察太平军第一次进军扬州时官绅民的因应及社会心态，进而探究扬州战局对当地社会和江南局势的影响。

一、太平军第一次进军扬州的前后经过

咸丰三年二月，太平军攻占南京。“洪秀全与杨秀清计，欲分贼守江南，而自统全众由淮安北趋。有一老贼言：北路陆地乏粮，艰于馈运。今据长江之险，舟师万千，宜先踞南京为伪都，再图北犯。杨秀清韪其言，遂于金陵建伪天王府，各伪王竞立宫殿，穷极僭侈，役死居民十数万。因遣伪丞相林凤祥、罗大纲、李开芳、曾立昌等率贼东下，二月二十一日陷镇江府。二十三日陷扬州府。”① 太平军定都天京后，选择先攻下镇江和扬州，应有其考虑和谋划。

“且天下财富，首推两淮，除富商徙遁外，仍有运库实存百万余两帑银，并二十七典精华，十万余家藏窖，不下千万厚赀，在贼未东下时，已由奸细李仲梅等潜知底蕴，久起吞噬之心。”② 清代的两淮盐运使司设于扬州，两淮地区盐场的生产和销售是国家重要的财政来源之一，对于刚建都的太平军来说，控制富甲东南的扬州可以扩充财源。“贼得镇、扬，乃分据浦口、瓜洲各要隘，遍立土垒，以阻我南北路之师。”③ 镇江和扬州分别位于长江南北岸，地理位置上有利于太平军推进军事防御。

太平军进攻镇江前，镇江“鉴道光二十年英夷之乱，闻贼到九江，即迁徙一空”④，“追贼窜至高资，官兵力难抵御，郡城旋即失守”⑤。在攻占扬州

① 杜文澜：《平定粤寇纪略》，太平天国历史博物馆编：《太平天国史料汇编》第1册，凤凰出版社，2018年，第16页。

② 佚名：《咸同广陵史稿》，广陵书社，2004年，第3页。

③ 杜文澜：《平定粤寇纪略》，太平天国历史博物馆编：《太平天国史料汇编》第1册，凤凰出版社，2018年，第16页。

④ 陆筠：《海角续编》，中华书局，1959年，第113页。

⑤ 萧盛远：《粤匪纪略》，太平天国历史博物馆编：《太平天国史料汇编》第3册，凤凰出版社，2018年，第1197页。

前，太平军先派人试探情况，“正月十八、九日，有湖南人李广，到扬州绅士江寿民家中，口称太平王威德，百姓如能恭顺，必不加害”，江寿民信以为真，设法贿赂太平军。[①] 太平军假意应允，“给以将沿淮溯河而上，未能越邗沟而飞渡也，乃与江寿民约，过境不扰，令官员暂避城外，事过之日，得以守城报捷论功”，江寿民遍告乡里，官吏避居在外，民众大多留在城中。[②]

二月二十三日，太平军进入扬州城，起初“带数百人至，进城在各庙暂住，秋毫无犯”。但“到半月后，聚有数千人。适官兵赶到，离城扎营。贼众声如鼎沸，将各城门关闭，扬言百姓里应外合，设计陷害，遂挟制壮丁上城守御；又逐户驱令妇女，散处各大屋，派本地大脚悍妇管领，男女不准相混；又选十余岁男孩，众贼分派伺候。其男女各编册，不许同室，与金陵合辙，且纵贼搜掳，十室九空，并挑美女俊童数千，驱令上船，连财物派贼目送江宁进贡”。[③]

太平军占领扬州后，“凤翔等穴运司署，群贼分入民居，使黄德生入仪征，黎振晖守瓜洲”。数日后，杨秀清至扬州，“按城势，使焚西北门，筑垒于东虹桥法海寺凡数十，守以从贼。又踞湾头、杨子桥诸隘，日促四乡民输米谷豕蔬，为积久计”，[④] 可见太平军首次占领扬州有久据之计。

扬州失陷后，“前大学士琦善着授为钦差大臣，颁给关防，带领官兵驰赴扬州，督办军务。着都察院左副都御史雷公以諴前往防堵”，[⑤] 开始了清军与太平军的对峙。四月，“杨秀清派贼目吉文元、林凤祥、李开方等同众头目数百，带领万余人，于初八日由六合、浦口滋扰滁州，破临淮关，直趋

---

① 佚名：《咸同广陵史稿》，广陵书社，2004年，第75页。

② 夏燮：《粤氛纪事》，太平天国历史博物馆编：《太平天国史料汇编》第3册，凤凰出版社，2018年，第1243—1244页。

③ 姚宪之：《粤匪南北滋扰纪略》，太平天国历史博物馆编：《太平天国史料汇编》第3册，凤凰出版社，2018年，第1331页。

④ 倪在田：《扬州御寇录》，太平天国历史博物馆编：《太平天国史料汇编》第15册，凤凰出版社，2018年，第6816页。

⑤ 萧盛远：《粤匪纪略》，太平天国历史博物馆编：《太平天国史料汇编》第3册，凤凰出版社，2018年，第1197页。

凤阳”。[①] 在虹桥、江都等地，清军和地方团练与太平军皆有作战，但扬州城一直久攻不下。“迨六、七月，暑疫甚盛”，八月到十月，城内粮食渐少，瘟疫和饥荒导致人口锐减。十一月，城中粮尽，清军围困扬州城，太平军裹挟部分民众撤离，退据瓜洲，清军收复扬州。[②]

二、太平军第一次进军扬州时官绅民的因应

太平军第一次进军扬州时，官、绅、民的因应各异：官吏大多碌碌无能，避战撤退，未尽守土之责；士绅作为地方社会精英，采用不同方式抵抗；民众求生求安，主要表现为逃散或归附。每个群体内部也有截然不同的抉择，整体上力量涣散，寡不敌众。

当时在扬州主政的官员主要为两淮盐运使刘良驹、前盐运使但明伦、漕运总督杨殿邦和知府张廷瑞，他们掌握领导权和决策权，选择采纳绅商主张的贿敌之策应对来势汹汹的太平军。对扬州而言，贿敌之策是故伎重施，鸦片战争时英军进犯长江，扬州商人提出纳钱赎城，时任两淮盐运使的但明伦默许，“乃作为商人提借之款，饬总商具领，事后归偿”，[③] 最后英军如约未犯。

太平军进攻前，扬州官员们大多先行退避：“殿邦等已先去，标兵营卒尽弃枪械于濠逸。殿邦纳冠带于笥，为民状以走。明伦走如皋。署运司刘良驹托巡盐走泰州。知府张廷瑞同城江都知县陆武曾、甘泉知县梁园棣、城守参将文玉、盐捕营都司宋天麒皆走。”[④]

贿敌或可作缓兵之计，但当时的扬州并非全无御敌的条件。“当贼下九江之始，广陵积谷万箱，火药千钧，库帑饷兵，商费团勇，城濠完固，士庶

① 姚宪之：《粤匪南北滋扰纪略》，太平天国历史博物馆编：《太平天国史料汇编》第3册，凤凰出版社，2018年，第1331页。

② 佚名：《咸同广陵史稿》，广陵书社，2004年，第20—24页。

③ 夏燮：《中西纪事》，中华书局，2020年，第145页。

④ 倪在田：《扬州御寇录》，太平天国历史博物馆编：《太平天国史料汇编》第15册，凤凰出版社，2018年，第6815页。

谨恂，知府有知，可守可战”，但官员们未能审时度势，“两月以来，战守无策，即有团勇，亦卫署而不卫城，鹤唳风声，惟废寝辍餐，日与一二幕宾，作楚囚之对泣”，太平军于“癸丑二月，盗入省城”时，扬州竟“兵不满千，四面受敌”，可谓承平日久、兵勇疲玩。[①] 对比镇江官吏“因兵勇无多，彼此筹商，以守城不如守险，于是全行出城”[②]，扬州官吏既未严阵以待，也没有及时组织民众退守，错失良机，直到危在旦夕才仓皇应对。

如前文所述，太平军占领扬州有久据之计，贿敌之策虽不费一兵一卒，却不适用于太平军。时人评论道：“英夷与洪贼不同，英夷国也，以远夷叛中夏，所争者惟财，是时朝廷方主和议……今洪贼以平民而争土地，是乱臣贼子也。”[③] 地方绅商虽有提议，但不能主导决策；主政官员或是昏庸无能、心存侥幸，或是无计可施才出此下策。

扬州主政官员中，有的缺乏应对乱局的能力，如知府张廷瑞“一经水陆告警，仓卒变生，即为村学究，而之乎不能化贼；纵为学教谕，而干羽不能御贼；虽为庶吉士，而笔砚不能击贼”；有的年事已高、力不从心，如前盐运使但明伦“年且七十矣，防堵无兵，团练无赀”，[④] 漕运总督杨殿邦“衰耄，亦固不甚谙军事”。守土官不胜其任，存亡之际多选择自保。官吏的选择也会影响民心，时人论扬州“民心不固，皆地方庸吏作俑”[⑤]。

主政者虽避战先退，仍有一些文官武将选择迎敌，与扬城共进退，如“便北汛把总田登仕、外委孟德庆力战阵亡，扬州营参将朱占鳌、江都县学教谕黄元灏皆死之”。[⑥]

总体来看，上层官员权衡利弊，想全身而退，却轻虑浅谋、准备不足，

---

① 佚名：《咸同广陵史稿》，广陵书社，2004 年，第 3、5 页。

② 萧盛远：《粤匪纪略》，太平天国历史博物馆编：《太平天国史料汇编》第 3 册，凤凰出版社，2018 年，第 1197 页。

③ 符葆森：《咸丰三年避寇日记》，桑兵主编：《清代稿钞本四编》第 151 册，广东人民出版社，2012 年，第 50—51 页。

④ 佚名：《咸同广陵史稿》，广陵书社，2004 年，第 5、7 页。

⑤ 倪在田：《扬州御寇录》，太平天国历史博物馆编：《太平天国史料汇编》第 15 册，凤凰出版社，2018 年，第 6815 页。

⑥ 《江都咸丰三年以来兵事月日表》，太平天国历史博物馆编：《太平天国史料汇编》第 15 册，凤凰出版社，2018 年，第 6928 页。

将城池拱手相让；有的中下层官员主动迎战，却势单力薄、寡不敌众。从扬州官吏的表现管窥清王朝对内部危机的因应，面对初露锋芒的太平天国，清政府没能及时挫其锐气，反而一误再误，与官员的因循玩忽、虚与应付和将帅士卒的贪生怕死有很大关系，统治机器失灵，犹如一盘散沙，导致危机进一步蔓延。

太平军攻占扬州前曾派人进城打探情报，首先试探的对象是扬州绅商江寿民。江氏“乐善好施，功归实济，大江南北，幽明鉴其诚，妇孺钦其名”[①]，“商因重其人，凡有善举，悉倚托焉。由是忝列堂董，地方亦目为善人，得通声气，稍稍乘舆矣”,[②] 社会声望较高。

道光二十二年（1842），英军进犯长江之际，镇江溃败，英船在江上往来行走，“淮之场、运两商尤岌岌抱垂堂之惧。时有汉奸之谍者在扬，谓：‘可乘危以徼利也。’乃扬言英人戒师期，将因粮于扬，以规取江宁，非速备赎城以求免者，祸且旦夕至。……商人闻警，将谋尽室行，适有在扬城开张书画馆之江寿民者，素善于淮商之门下客颜某，请身至京口诇之”。[③] 当时的扬州商人以其从商的经验普遍认为英军来犯是为了谋利，希望献金求和，江氏作为有一定社会地位的绅商则成为重要组织者，英军后来没有攻打扬州，江氏因“保护维扬有德色”，得到了官吏的赏识和商人的信任，“出入于官商廨寓中，公私秘密皆得预闻”。[④]

咸丰三年，太平军攻陷镇江，扬州人心惶惶，江氏欲效仿前事，“以逆匪乌合，首在掳掠财物，议以同城绅耆铺户公捐银十万两，由伊送至贼营，可免扰害，以救合城生灵”,[⑤] 太平军承诺“暂住数日，事毕即回”，江寿民

① 佚名：《咸同广陵史稿》，广陵书社，2004 年，第 2—3 页。

② 臧穀：《劫余小记》，太平天国历史博物馆编：《太平天国史料汇编》第 15 册，凤凰出版社，2018 年，第 6884 页。

③ 夏燮：《中西纪事》，中华书局，2020 年，第 144—145 页。

④ 夏燮：《中西纪事》，中华书局，2020 年，第 155 页。

⑤ 萧盛远：《粤匪纪略》，太平天国历史博物馆编：《太平天国史料汇编》第 3 册，凤凰出版社，2018 年，第 1197 页。

“以为得计，径回广陵，遍告乡里，并邀众力请各官出城暂避”。[①] 太平军进城后不久，“江寿民见城中之贼日益充斥，欲诘其败约，而贼闻续到之官兵，反责江寿民预通消息，欲以空城计陷入重围。遂鞭寿民，贯其耳，驱之登城以退官兵，江自以卖城之罪百喙难辞，因乘间自尽。”[②]

江氏的贿敌之策未能取得官绅群体的一致共识，却因有主政者的默许最终得以实施。之前参与贿赂英军的颜氏表示“彼夷也，饱则去，此贼也，名不正，汝安则为之，吾不与也”，候补盐知事张翊国认为“以钱畀贼，何如添兵守城”[③]，上书漕运总督杨殿邦，希望治江氏之罪，杨殿邦却将江氏释放。[④]

时人对江氏评价不一，有的称赞他“汲汲犒贼之身，实殷殷从善之心”[⑤]，有的批评他“借寇兵而赍盗粮，贳国求活”“以盗弭盗，盗胡可弭”。[⑥] 江氏虽然背负了“通贼”的罪名，却不愿屈从于太平军，还在城破后引咎自杀，体现他仍受忠贞观念的约束。

在当时的士绅群体中也有统领练勇御敌者，如候补盐知事[⑦]张翊国和内阁侍读钟淮。张翊国“由盐知事统古观音寺练勇，仅五百人，最雄壮”。[⑧] 钟淮“会同虹桥局董监生朱敬熙等，首倡团练，设法战守，迭次获胜。是年五月，钟淮等筹议收复瓜洲，壮志未遂，先后阵亡”。[⑨]

① 姚宪之：《粤匪南北滋扰纪略》，太平天国历史博物馆编：《太平天国史料汇编》第3册，凤凰出版社，2018年，第1331页。

② 夏燮：《中西纪事》，中华书局，2020年，第155页。

③ 臧穀：《劫余小记》，太平天国历史博物馆编：《太平天国史料汇编》第15册，凤凰出版社，2018年，第6883页。

④ 倪在田：《扬州御寇录》，太平天国历史博物馆编：《太平天国史料汇编》第15册，凤凰出版社，2018年，第6815页。

⑤ 佚名：《咸同广陵史稿》，广陵书社，2004，第4页。

⑥ 符葆森：《咸丰三年避寇日记》，桑兵主编：《清代稿钞本四编》第151册，广东人民出版社，2012年，第51—52页。

⑦ 清代的候补官员主要来源于科举考试中的进士和举人，但未获得正式官职，故将其列入士绅群体。

⑧ 臧穀：《劫余小记》，太平天国历史博物馆编：《太平天国史料汇编》第15册，凤凰出版社，2018年，第6883页。

⑨ 曾国藩：《江都虹桥乡殉难官绅士民妇女请恤片》，《曾国藩全集》第9册《奏稿之九》，岳麓书社，2012年，第574页。

城陷时，士绅群体的反抗形式主要有“骂贼”、迎击、自杀等，如两淮候补盐运使乔淑颜骂贼被害；两淮候补盐经历方文藻持刀抵御，与胞弟、长子、次子均受重伤殒命；两淮候补盐知事章芳积薪自焚，被救后绝食而死。[①]

士绅群体作为地方社会精英，在社会上有较大的影响力和号召力，是官和民之间的中介力量，在基层治理中发挥重要作用，具有较强的社会责任感。他们深受儒家文化、正统观念和忠贞观念的影响，并出于社会归属感和自我身份认同，大多将太平军视为乱臣贼子，抱之以排斥、抵制和敌视的心态，临难不避，以迎击、自杀等反抗形式表示绝不屈服的态度。

太平军到来之前，扬州民众大多听从江寿民的号召，“霎时合城均贴顺字，所搬出者，不过各官及大绅大富十之二三而已”[②]，“富商大贾、韬使寓公，鳞次栉比，金玉、瓌宝、钟鼎、图籍、米粟、缯纩，累千万计，皆惑寿民言惮不徙”。[③]

扬州失守后，“合城慌乱，城中人皆逃避，城外城门拥挤”。[④] 太平军在城内推广男女别营制度，搜刮财富、掳掠人口，“由此合城男女，或自缢，或投井投河，或在船投江，死者不计其数”。[⑤] 一个月后，“连宵达旦大雨，半夜子时，城内居民窥伺贼众酣眊，乘其不防，由东关逃出，分路四乡”。[⑥] 起初“家家都说穿城过，听信善人江寿民”[⑦]，但城内与日俱增的太平军引

① 英杰修，晏端书等纂：《续纂扬州府志》，同治十三年刊本，《中国方志丛书·华中地方·第二号》，成文出版社，1970 年，第 1371—1374 页。

② 姚宪之：《粤匪南北滋扰纪略》，太平天国历史博物馆编：《太平天国史料汇编》第 3 册，凤凰出版社，2018 年，第 1331 页。

③ 倪在田：《扬州御寇录》，太平天国历史博物馆编：《太平天国史料汇编》第 15 册，凤凰出版社，2018 年，第 6815 页。

④ 符葆森：《咸丰三年避寇日记》，桑兵主编：《清代稿钞本四编》第 151 册，广东人民出版社，2012 年，第 20 页。

⑤ 姚宪之：《粤匪南北滋扰纪略》，太平天国历史博物馆编：《太平天国史料汇编》第 3 册，凤凰出版社，2018 年，第 1331 页。

⑥ 符葆森：《咸丰三年避寇日记》，桑兵主编：《清代稿钞本四编》第 151 册，广东人民出版社，2012 年，第 56 页。

⑦ 臧穀：《续扬州竹枝词（十八首）》，太平天国历史博物馆编：《太平天国史料汇编》第 15 册，凤凰出版社，2018 年，第 6995 页。

起了社会恐慌，许多民众迁徙避乱、自杀殉难。客观来说，民众对太平军形象的恐惧既有先天立场和观念的排拒，也有政治宣传和时人传述的渲染，太平天国的社会政策如圣库制度、男女别营制度也会引发一些民众激烈的反应。[①]

太平军在扬州推行统治的过程中，也得到了部分民众的迎合："良民不肯为旅师、为司马、为百长，市井无赖及蛮横仆妇喜充之。蓄发包黄䌷，扬扬意得，凡平昔睚眦之怨藉以报复，其涂毒有不可胜言者。"[②] 或是诚心顺服，或是为谋取私利，许多民众尤其是下层民众加入了太平天国。

经过九个月的据守，城内粮食耗尽，且清军不断围困，太平军决定撤出扬州。十一月"二十四日……贼鸣锣谕众云：'大队即刻往南京，凡兄弟姊妹，愿去者随行，不愿去者听。'维时，或云不去，或云去之便，议论纷纷，未定也。……二十五日，贼复鸣锣谕众云：'愿去者自随行，不愿去者如湖南北、江西、芜湖之口音，固遭大兵之杀戮，即扬郡新兄弟姊妹，亦难免大兵之荼毒而奸淫。自示之后，兄弟姊妹愿投金陵，速出徐凝门登巨舟，终不愿去之人，勿以未尝相强而贻后来之怨悔也！'至是，从贼者如归市矣。……二十六日，红头将妇女二三十岁以上者恐骗而去，所余亦仅十之一也[③]"。

民众大多选择跟随，与太平军威胁、利诱、恐吓的鼓动方式有关，或许更多出于对身家性命的考虑。"居民之被胁者十阅月矣，食尽疫遍，死亡无艺"，[④] 长时间的战乱、饥荒、瘟疫致使民不安枕，民众对变乱的承受能力大幅降低，面对清军入城可能带来的又一次破坏，随太平军撤离或许还有一线生机。时人将其归结于清军没能挽留民心："向令贼势穷蹙之时，琦、陈各大宪夺贼之气，而安民之心，特备数十张难民免死之印示，射入城中，效

① 刘晨：《太平天国时期江南地区的社会恐慌——兼谈太平军恐怖形象之成因》，《安徽史学》2018年第5期。

② 臧穀：《劫余小记》，太平天国历史博物馆编：《太平天国史料汇编》第15册，凤凰出版社，2018年，第6883页。

③ 佚名：《咸同广陵史稿》，广陵书社，2004年，第22—23页。

④ 倪在田：《扬州御寇录》，太平天国历史博物馆编：《太平天国史料汇编》第15册，凤凰出版社，2018年，第6821页。

鲁仲连救聊城故事，俾蚩蚩者各有把握，不至起无分玉石之疑，亦奚事纷纷渡江求生反死哉!”[①] 战后的扬州“遗民数百十人而已”[②]。

变乱局势下，民众往往处于被动的状态，顺时而动、随波逐流，被裹挟而行。尤其是普通的平民百姓，社会地位和资源条件皆不及官绅，常常只能听从安排或作鸟兽散。时人感叹“宁为太平犬，莫作乱离人”[③]。民众中尽管也有舍生取义、视死如归者，但更多表现为逃散或归附，存在求生求安、从众的心态因素。

三、战后余波与扬州战局的影响

太平军撤出后，琦善率领的营兵陆续进入扬州城，大肆纵火劫掠：“盖大兵欲掠重赀，而恐伏戎猝至，地雷飞，特将伪指挥所住之院署并多子、新盛、左卫街暨辕门桥一带高固新屋，全行烧毁，以验猾贼埋伏之有无，即以快趁火打劫之心愿。”雷以諴进城后，“命练勇煮檀粥数十桶，入郡内赈施”，待粥尽桶空，“勇即将贼遗之件，纳诸空桶，刮噪而归”，营兵借口“以送粥而带进奸细”请求禁勇，“勇退而大兵肆掠”。直到十二月初一日，城门仍紧闭严防，“云防奸细，其实禁勇、民之入城分肥也。民寄居四乡，或去城数十里，或去城数百里，闻贼退，无不辛苦奔驰，急欲进城一探骨肉，而苦不得入”。战后的扬州满目疮痍，但一波未平一波又起，违法乱纪的清军对扬州造成又一次破坏，时人感叹扬州“非复是人境”。[④]

清军复城后，除了营兵和练勇，扬州居民还遭受着来自“黑头”的肆扰：“黑头者，别乎‘红头’而言，虐则一也。斯时民家具食，久无芦苇供炊爨，咸以旧木代。虽雕梁画栋，黑头举石舂之，碎为柴，每斤只三

① 佚名:《咸同广陵史稿》，广陵书社，2004 年，第 22—23 页。

② 倪在田:《扬州御寇录》，太平天国历史博物馆编:《太平天国史料汇编》第 15 册，凤凰出版社，2018 年，第 6821 页。

③ 佚名:《咸同广陵史稿》，广陵书社，2004 年，第 25 页。

④ 佚名:《咸同广陵史稿》，广陵书社，2004 年，第 24—26 页。

钱，往往有适见为屋，旋见为墟。盖黑头于人静时，以大索遥曳其柱，轰然一声，又一家灰烬，以故毁于红头者少，毁于黑头者多，无地不为瓦砾场矣。”[①]

清军收复扬州城之后，围绕城市管理、战争善后、筹办防务等方面展开了一系列秩序重建与地方治理工作。但战后社会秩序长期混乱，且清政府地方治理能力不足，扬州城善后工作延宕低效，加之战争造成的损失，扬州地区陷入长期萧条之中。[②]

太平军在进军江南前，途经湖南、湖北、江西等地，这些地区不乏“迎贼”的先例：“蚩蚩之民，竟为贼卖，甚至贼至争迎之，官军至皆罢市，此等悖惑情形，比比皆然，而以湖北为尤甚。”[③] “闻扬城、高邮、宝应闻风献米，多寡不一，皆效湖北、江西、镇江之尤。”[④] 或是因为太平天国在起义初期宣扬的人人平等、有田同耕、有衣同穿、共享太平的理想社会对普通民众有很强的吸引力，或是出于自保，许多人热心“迎贼”，甚至甘心“从贼”。

扬州作为太平军在江南地区最先攻克的三座城市之一，当地官绅民的因应或具有示范作用，对太平天国初期的江南局势有一定影响。一方面，扬州的献金贿敌行为被其他地区效仿，“由高邮至淮安，望风瓦解，颇有先行，输物投诚者，处处效尤，殊可浩叹”，[⑤] 各地人心涣散，甚至束手就擒是太平天国初期江南地区大局糜烂的重要原因之一。另一方面，扬城失陷的教训也被引以为戒，在虹桥、仙女镇等地，士民积极组织团练，“江南在籍绅耆遍晓于众曰：‘若等有江寿民之富厚声望，可以醵金数十万及备百席乎？即

① 臧穀：《劫余小记》，太平天国历史博物馆编：《太平天国史料汇编》第 15 册，凤凰出版社，2018 年，第 6886 页。

② 王蒙：《太平天国战争时期扬州地区的秩序重建与地方治理——以清军“一复扬城”为考察中心》，《太平天国及晚清社会研究》第 8 辑。

③ 张德坚：《贼情汇纂》，太平天国历史博物馆编：《太平天国史料汇编》第 5 册，凤凰出版社，2018 年，第 2206 页。

④ 符葆森：《咸丰三年避寇日记》，桑兵主编：《清代稿钞本四编》第 151 册，广东人民出版社，2012 年，第 28—29 页。

⑤ 符葆森：《咸丰三年避寇日记》，桑兵主编：《清代稿钞本四编》第 151 册，广东人民出版社，2012 年，第 22 页。

能效之，亦不能息事而仍不免一死。贼之甘言可勿听已。’乡民遂齐一心志，联团各数百里”，[①] 对后期攻守易防起到了一定作用。但民间自发提倡的团练战斗力有限，如果无法与清军相互配合，孤军作战，则难以抵御人多势众的太平军。如钟淮统领的练勇“所恃拳师十余人，其余土勇不习战，就故同善堂议军事，言出即泄，环屯弁勇并不受制。或阴结贼，覆笠于枪以为识”，实力不济，且管理不善、人心不齐，导致“屡蹴瓜洲不能进”。[②]

变乱之下，扬州的官吏、士绅、民众看似各行其是，实则唇齿相依、休戚与共。官吏的选择影响民心向背，决策的实施需要士绅的支持和民众的配合；士绅的行动也离不开主事者的协助和民众的应和；民众是重要的社会基础，也是各方势力需要笼络的对象。官、绅、民环环相扣，若充分发挥各自力量，相辅相成，则能形成强大的合力；若离心离德，力量涣散，顷刻间便会土崩瓦解。

《咸同广陵史稿》外编收录了一则谕旨：“咸丰三年十一月初五日，内阁奉上谕：逆贼窜距江南三城九阅月矣……而统兵大臣剿办迁延，致令元恶稽诛，坚城未复。朕念及三城百姓遭罹惨劫，辄恨将帅之无能，而闻该士民等忠愤同仇，人思自奋，又未尝不幸民心之大可用也……着通谕江南、江北士民，如果能设法破贼克城，歼擒逆首，倡义之人，朕必优予爵赏，其余亦必破格施恩，并将该士民等应完钱漕，免征三年……军营将弁及各属士民等，须合力同心，尽歼丑类，用副朕为民除害之至意。此旨着该督抚等刊刻誊黄，遍行晓谕，咸使闻知。”[③] 太平军长时间占据南京、镇江和扬州三城，清军却久攻不下，清政府或许也认识到将帅无能、力量分散是江南战局屡屡失利的主要原因，力图借重地方力量对抗太平军，通过奖励功名、减免赋税等措施鼓励官兵士民同仇敌忾、和衷共济。

---

① 张德坚：《贼情汇纂》，太平天国历史博物馆编：《太平天国史料汇编》第 5 册，凤凰出版社，2018 年，第 2206 页。

② 倪在田：《扬州御寇录》，太平天国历史博物馆编：《太平天国史料汇编》第 15 册，凤凰出版社，2018 年，第 6815 页。

③ 佚名：《咸同广陵史稿》，广陵书社，2004 年，第 79—81 页。

四、结　语

在太平天国运动引发的社会剧变中，官、绅、民三大群体因立场、利益和文化认同的差异，呈现出截然不同的社会心态。这场变局不仅是一场军事对抗，更是一场深刻的社会心理震荡，反映了传统秩序崩解下各阶层的生存策略与精神困境。

“国朝定制，失城者斩”，[①] 地方官员处于效忠和溃败的焦虑中，既要应对来自太平军的压力，又随时可能因城池失守而面临清廷的严苛问责。随着战争久拖不决，部分官员陷入绝望，甚至出现弃城逃亡现象。士绅群体大多以“卫道”和“保境安民”为名抵抗太平军，有时却迫于形势不得不与太平军合作，从而陷入“忠义难两全”的道德困境。平民百姓在变乱中艰难求生，官兵又不乏军纪败坏、生事扰民的情况，无奈之下，民众只能“两害相权取其轻”。这场变乱最终证明：当统治集团丧失调和社会矛盾的能力时，任何群体都难以独善其身。而如何在秩序重建中弥合撕裂的社会心态，始终是历史留给后世的深刻命题。

“癸丑年间最苦辛，扬州初次遇红巾。”[②] 面对实力强劲的太平军，扬州官绅民的因应具有复杂性和矛盾性，从结果来看，无论战、守、降、逃，似乎都难以免于祸乱。“今不思所以御贼困贼之策，但惩于团练受害，图贼受害，惟贼是奉，犹终不免为贼害，可胜叹哉！”[③] 战争本身就意味着伤亡和破坏，覆巢之下无完卵，在危难之际，力求自保是人之常情，舍生忘死需要莫大的勇气。因此对于时人的表现，不做道德批判，而报以理解之同情。

---

① 吴思藻：《湖防纪略·附赵公致伪忠王书》，太平天国历史博物馆编：《太平天国史料汇编》第22册，凤凰出版社，2018年，第9677页。

② 臧穀：《续扬州竹枝词（十八首）》，太平天国历史博物馆编：《太平天国史料汇编》第15册，凤凰出版社，2018年，第6995页。

③ 张德坚：《贼情汇纂》，太平天国历史博物馆编：《太平天国史料汇编》第5册，凤凰出版社，2018年，第2207页。

史料整理

《申报》南京资料辑录（一）

李　玉*编校

导　语：近代著名纸媒《申报》刊载了大量的社会新闻，报道南京的专栏计有《白下琐闻》《白下丛谈》《白下近闻》《白下清谈》《白下琐谈》《白下琐言》《白下闲谈》《帆飞白下》《白下官场纪事》《金陵近事》《金陵杂闻》《金陵琐事》《金陵邮信》《金陵官报》《金陵琐闻》《金陵官场述略》《金陵官场录要》《秣陵琐闻》《秣陵杂志》《秣陵近事》《秣陵琐录》《秣陵琐事》《秣陵杂闻》《秣陵琐志》《秣陵近闻》《秣陵归雁》《南京消息》等，还有各种专题报道，所载诸多小消息与微新闻，虽不无道听途说、街谈巷议之嫌，但也绝非空穴来风、向壁虚构，是了解这一时期南京城市社会生活与寻常面相的重要资料。除此之外，还有大量诗词文赋，或感时伤怀，凭今吊古；或吟风诵月，唱和应对，具有一定史料价值。兹特予分年摘录点校，俾供学界参考。因原版多有漫漶之处，加上编者学识所限，错讹自然难免，尚请方家教正。

四月十八日《京报》全录

（前略）

署两江总督江苏巡抚臣何璟跪奏：为恭报微臣接篆任事日期，仰祈圣鉴事。窃臣钦奉恩命署理两江总督，兼署办理通商事务大臣，当经具折叩谢天恩，并于本月初一日恭报起程日期在案。拜折后，于初四日自苏州启行，初

*　李玉，南京大学中华民国史研究中心教授。

十日行抵江宁省城，十三日由江宁布政使梅启照移委督标中军副将周良才，会同江宁府知府蒋启勋赍送两江总督关防、两淮盐政印信，并钦差大臣关防，王命旗牌、文卷等件前来。当即恭设香案，望阙叩头，谢恩任事。

伏查两江地大物博，政务殷烦，一月以来，应办事宜、寻常日行之件业经臣江宁布政使梅启照代印代行，择其关系紧要者随时函告，臣处预为筹议。至必须稽核案卷分别办理者，现由臣逐一查核，次第清厘。其中盐漕河三大端，如鄂湘划分引地、江北催运漕米，淮、徐履勘河工，均经前督臣曾国藩悉心厘订，必当实力奉行。而江海筹防尤须绸缪于先事，中外交涉更宜刚柔之得中，曾国藩苦心经营，具有成法。臣暂膺重任，责无旁贷，惟有恪守旧章，倍加慎密，妥筹兼顾，并与三省抚遇事商榷，和衷共济，以期仰副圣主廑念东南之至意。所有微臣接篆任事日期，除恭疏题报外，理合缮折具奏，伏乞皇太后、皇上圣鉴训示。谨奏。军机大臣奉旨：“知道了！”钦此！

（1872年6月11日，第5版）

酒馆琐谈[①]

上海彝场一区，当日实北邙也。墦[②]间之祭余则有之，酒馆何有哉？自互市后，日臻繁盛，而新新楼启焉，饮食之人争尝金陵风味，车马盈门，簪缨满座，盖二十年如一日也。其时浦五房亦以姑苏船菜擅名，无何，乃有泰和馆焉，同新楼焉，最后则增复新园、庆兴楼。复新分自新新，亦金陵人；庆兴分自同新，皆天津人。合而言之，新新开最久，而味最佳；分而言之，各馆皆有擅长之品，如新新楼之绍兴酒、红鱼翅、烧羊肉、煮面筋、鸡汤面，复新园之烧卖、炒面，浦五房之蜜炙、南腿，泰和馆之烧鸭、饽饽，同新、庆兴之汤泡肚、溜黄菜、玉兰片、虾子豆腐、炖大小肠，皆足擅绝一

① 此文最写上海酒馆，因其中多处提到“金陵风味”，故予收录。

② 墦：fán，坟墓。

时，交誉众口。复新又以地火胜，庆兴更以洋楼名，以故此六馆者，朝朝裙屐，夜夜笙歌，酒绿灯红，金迷纸醉。逞豪华者，即令日食万钱，犹嫌无下箸处；敦俭素者，不必五簋八碟，亦足令人朵颐也。外此犹有六馆，曰长春，曰长源，曰长兴，曰景阳，曰益庆，曰鸿运，皆宁波肴馔，专以海错擅长，亦复别有风味。然属餍者少，等诸自郐以下焉。既述琐谈，更编韵语，其词曰：

楼唤新新二十年，金陵风味果超然；复新一帜新分出，地火煌煌照绮筵；船菜人夸浦五房，蔬红果绿映新妆；泰和味诩南兼北，粤海津沽总擅长；绮楼追步号同新，引得南人竞问津；又羡庆兴宾客盛，洋楼高敞绝纤尘；四明酒馆说三长，更有高楼号景阳；益庆最先鸿运继，海鲜毕竟此中尝。

（1872 年 6 月 18 日，第 2 版）

五月初九日《京报》全录

（前略）

江苏巡抚臣何璟跪奏为督臣因病出缺，暂委藩司代拆代行，请旨迅赐简放，并陈督臣历年贤劳，吁恳恩施，仰祈圣鉴事。窃臣于同治十一年二月初二日接据江宁布政使梅启照禀称，督臣曾国藩正月二十六日忽患手战舌强，似有中风之症，延医服药，旋发旋止，仍视公事不辍。惟医者诊脉，均云心血过亏等情。正驰念间，旋于初六日接梅启照续禀，初四日申刻，督臣前症复发，兼患足麻，即于是日戌刻出缺，已由该司将各印信封存，并于初五日将督臣遗折由驲[①]驰递，奏明请旨，简放遗缺，抄录奏稿到臣。

臣接阅之下，不胜骇异。伏念大学士、一等毅勇侯、两江总督臣曾国藩由翰林起家，以大考受宣宗成皇帝特达之知，荐跻卿贰。道光三十年在礼部

① 驲：驿站专用马车。

侍郎任内，应诏陈言，屡摅[①]谠议，忠忱悱恻，仰邀嘉奖。咸丰二年，典试江西，丁忧回籍。旋以粤匪窜陷武昌，奉旨饬办团练，数□［年］之间，迭奉援鄂、援皖、援江西、援浙、援蜀之命，无日不在兵间。文宗显皇帝硃批奖谕，鉴其孤忠。十年四月，遂以兵部右侍郎简授两江总督、钦差大臣。皇上践祚之初，倚任愈重。同治元年元旦，以克复安庆，功授为协办大学士。三年六月，以克复金陵功，赐封一等毅勇侯。其秉性之忠、学术之正，悉在圣明洞鉴之中，无俟微臣之覙缕；其历年战功、政绩，又有督臣自具奏报。及创定湘军营制、营规，水师、马队各章程，内而咨存枢府，外而传布各省，亦无俟微臣之表彰。此次因病出缺，想圣主笃念荩臣，凡赐恤饰终之典，自必渥荷恩施，亦无微臣之吁告。臣之所不能已于言者，臣与曾国藩相从日久，相知颇深，灼见其立功之伟，胥本于进德之勤。其生平尽瘁报国，克己省身，器识过人，坚贞自矢，不特今世所罕觏，即方之古贤臣，亦未遑多让。请敬为圣主陈之。

咸丰之初，曾国藩以在籍侍郎练团杀贼，无尺寸之土地，无涓滴之饷源。饷之巨者丁漕、关税，而职在军旅，不敢越俎以代谋；饷之细者劝捐、抽厘，而身为客官，州县既不肯奉行，百姓亦终难见信。概系募勇，又不得照绿营之例拔补实缺，空有保举之名，而无履任之实，名器不属，激励尤难。方其初败于岳州，再挫于九江，兵机不振，穷且益坚。迨江西困厄之时，事实非顺，动多触忤。一钱一粟，非苦心经营则不能得；一弁一勇，非苦口训诫则不能战。于困苦难堪之中，立坚忍不拔之志。卒能练成劲旅，削平逋寇，上慰先帝在天之灵，辅佐圣世中兴之业，虽曰疢疾[②]可以成德术，勤忍可以增智能，而艰难创造之初，固不敢自料有今日也。

迨咸丰十年初膺江督，进驻祁门，正值苏常新陷，浙省再沦，皖南、皖北十室九空，人烟稀少，军粮则半菽难求，转运则一夫难雇，自金陵以至徽州八百余里，无处无贼，无日无战。徽州之方陷也，休、祁大震，江楚皆惊，或劝移营江西省城，以保饷源，或劝移营江干州县，以通粮路，而仍不

① 摅：发表。

② 疢疾：疾病，忧患。

出江省辖境。曾国藩曰："吾初次进兵，遇险即退，后事何可言？吾去此一步无死所也。"群贼既至，昼夜环攻，飞炮雨集，曾国藩手书遗嘱，帐悬佩刀，犹复从容布置，不改常度，死守兼旬，直待鲍超率霆军自岭外来，始以一战驱贼出岭。以十余载稽诛之狂寇，曾国藩受钺四年，次第荡平，皆由祁门初基，不怯有以寒贼胆，而壮士气也。咸丰十一年八月克复安庆，同治元年水、陆两军并江而下，沿江两岸一二千里，名城要隘皆为我有。其弟曾国荃统得胜师，直抵雨花台，以瞰金陵。左宗棠统楚军以达浙境，李鸿章统淮军以达沪上，皆深入虎穴，捷报频闻。夏秋之间，兵机遂大顺矣。（此稿未完）

（1872 年 7 月 3 日，第 4—5 版）

五月初十日《京报》全录

（前略）

（接续前稿）乃攻剿两利，而疾疫流行，上至芜湖，下至上海，无营不病，不但守垒无勇，乃千［至］炊爨无夫。杨岳斌、曾国荃、鲍超诸统将各抱重病，昔之劲兵胥变孱卒，苏浙贼酋方以此时大举，以援金陵，围攻雨花台四十六昼夜，更番不歇。南岸则宁国、旌德同时吃紧，北岸则颍、宿、蒙、亳捻匪出巢，正阳、寿州苗逆复叛，发贼又由江浦上窜，滁、和、巢、含亦复岌岌可危。数年以来辛苦，战争之土地由尺寸而扩至数百里者，深恐一旦溃裂，尽隳前功。援浙、救苏、保江三者，又须兼顾，持危势亟，军情反复，异议环生。有谓金陵进围太早，必致师老饷竭；有谓宜撤金陵之围，以退各路援贼者。曾国藩于群言淆乱之时，有三军不夺之志，枕戈卧薪，坚忍卓绝，卒能以寡敌众，出死入生。迨事及大定之后，语僚友谓："昔人尝言忧能伤人，吾此数月心胆俱碎矣。幸赖国家鸿福，得以不死。"然则今日之一病不起，盖其精力为已瘁矣。曾国藩战胜之迹，指不胜屈，惟此数年坎坷艰辛，当成败绝续之交，持孤注以争命；当危疑震撼之际，每百折而不回。盖其所志、所学，不以死生常变易也。古之名臣谋国效忠，惟以人事君为急。曾国藩昔官京师，即已留心人物，出事戎轩，尤勤访察，虽一材一艺，罔不甄录，而又多方造就，以成其材。其历年荐达与平日相切劘者，如江忠源、罗泽南、李续宾、刘腾鸿，死于战阵；塔齐布、李续宜、萧捷三、江忠义，死于勤劳，皆已载诸史传。其幕府宾僚、偏裨卒伍，由书生而荐历封疆，由末职而荐膺重镇，无愧戡乱之选，亦铮铮在人耳目，无待臣言。其苦心孤诣，使兵事历久而不败，人材愈用而不穷者，则在以湘勇之矩矱推行于淮化、亳泗刚劲之风，为国家干城之选。

臣尝远稽史籍，唐之李、郭，亦仅收复两京；宋之韩、范亦仅经略西夏一军耳。我朝武功之盛，超轶前代，屡次戡定大难，然如嘉庆川楚之役，蹂躏不过四省；康熙三藩之役，蹂躏尚止十二省。今发捻回教诸匪蹂躏竟及十七省，用兵已满十二年，若专恃湘楚一军与之角逐，而无淮军继起于其间，亦岂能南北分兵、次第削平祸乱？是其公忠伟略，推贤讲功，和衷共济，尤足多者。臣昔在军中，每闻谈及安庆收复之事，辄推功于胡林翼之筹谋、多隆阿之苦战，其后金陵克复，则又推功诸将，而无一语及其弟国荃。谈及僧亲王剿捻之时，习劳耐苦，辄自谓十分不及一二；谈及李鸿章、左宗棠，一时辈流，非言“自问不及”，则曰“谋略不如”，往往形之奏牍，见之函札，非臣一人之私言也。当江皖糜烂之际，实仕宦所畏途，曾国藩不辞，选拔知兵之员，随时保奏，以期周济艰难。厥后大功底定，南服承平，朝廷延访殷勤，犹复迭奉谕旨，令保封疆将帅，曾国藩则□奏称，疆吏既有征伐之权，不当更分黜陟之柄，宜防外重内轻之渐，兼培植党树私之端，其小心远虑若此，宜其立功之后不自矜伐也。曾国藩自督师以来，即有不期生还之志，是以经历危险，屹然不可摇撼，精诚之至，部曲化之，手足化之，故湘军阵亡文武官兵可以按册而稽者多至万余人。咸丰八年三河之战，其胞弟曾国华随李续宾以单骑冲贼死；同治元年雨花台之战，其胞弟曾贞幹于贼退数日伤疾而死，可谓一门忠义矣。而与诸弟共在军中，任事则督之争先，论功则率之居后，盖深见夫功名之际，始终之难，常以位高于众，权重于人，怀大名不祥之惧，故遭非常之知遇，弥切尔位之靖共[①]。其平日办事不分畛域，江皖、苏浙、两湖之兵事联为一气，两江粮台之兵火饷糈又不惜接济邻省，分

① 靖共：同“靖恭”。

应他军，而于节制四省，节制三省之□命则坚辞不敢居，不惮一再陈情，期于得请而后已。盖时念及报称之难，不敢恃恩宠之厚也。（二稿未完）

（1872 年 7 月 4 日，第 4—5 版）

五月十一日《京报》全录

（前略）

（接续前稿）其奉身清俭，一如寒素，官中廉俸尽举以充官中之用，未尝置屋一□，增田一区，蔬食菲衣，自甘淡泊，每食不得过四簋，男女婚嫁不得过二白金，垂为家训。有唐杨绾、宋李沆之遗风。而邻军困穷，灾民饥馑，与夫地方应办事，则不惜以禄俸之赢余，助公用之不给。臣在皖时，固稔知之其立身平实，不求立异，守之甚严而持之以恒者，一曰不诳语，一曰不晏起。朝端之奏报、僚属之咨札、亲友之函牍，就臣所见，固未尝有欺饰矣。即外抚远人，内驭降将，亦必推诚布公，言皆质实，中外远近，皆有以信其为人之不苟。在军在官，夙夜未尝少懈，虽风潇雨晦，疾病忧郁之时，率以鸡鸣而起，夜分始息，盖数十年如一日也。晚年不服珍药，未尝有卧病倚□之日。前在两江任内，讨究文书，条理精密，无不手订之章程，无不点窜之批牍。惟有舌蹇心悸之症，不能多见僚属。前年回任，感激圣恩高厚，仍令坐镇东南，自谓稍有怠安，负疚滋重。公余无客不见，见必博访周谘，殷勤训励，于僚属之贤否、事理之源委无一不默识于心，人皆服其耄年进德之勤，其勉力在此，其致病亦在此。上年阅兵回省，适臣行抵金陵，见其体貌尚如往年。而曾国藩自言精力大衰，右目昏瞶。臣与晤谈数次，议论公事，娓娓不倦，曾劝以节劳省神，为国自爱，不意相距未及两月，遽病不起，实由平日事无巨细，必躬必亲、殚精竭虑所致。两江官绅士庶闻其溘逝，无不同声太息，则其功德及民，不可泯也。合无仰恳天恩，准予于江南省城建立专祠，并饬于所在立功省份一体建祠，以彰忠荩，并祈将臣奏章宣付史馆，以备采择。现在督臣身后之事，已经藩司梅启照等会同伊子曾纪泽妥为经理。查督臣有子二人，长即户部员外郎曾纪泽，次附生曾纪鸿，孙二人均幼，皆随侍任所。所有两江总督衙门日行公事，除由臣暂委梅启照代拆代行外，所遗两江总督员缺紧要，相应请旨，迅赐简放，以重职守。理合将接据督臣因病出缺缘由，并将其历年贤劳实绩附陈恭折，由五百里驰奏。伏乞皇太后、皇上圣鉴训示。谨奏。奉旨："已录。"

署两江总督、江苏巡抚臣何璟跪奏为遵旨覆陈，恭折仰祈圣鉴事。窃臣承准军机大臣字寄同治十一年二月十八日奉上谕："前据穆腾阿等并梅启照同日奏到曾国藩因病出缺，当经降旨优予恤典。"等因，钦此。遵查前任两江总督曾国藩有子二人，长子纪泽现年三十四岁，道光三十年正二品荫生，同治九年赴京考试引见，蒙恩赏给员外郎，签分户部行走，现经钦奉上谕，承袭一等侯爵。次子纪鸿现年二十五岁，湖南湘乡县附生，加捐贡生，庚午科顺天乡试挑取誊录。至曾国藩之孙，臣前次奏报折内声叙二人，系属得自访闻，现于莅任后面询曾纪泽，并备文行查，实系有孙三人：广钧现年七岁，广镕现年三岁，广铨现年二岁，应如何施恩之处，恭候圣裁。所有遵查曾国藩子孙人数、年岁缘由，理合恭折覆奏，伏乞皇太后、皇上圣鉴训示。谨奏。奉旨："已录。"

（1872年7月5日，第3—4版）

五月十三日《京报》全录

（前略）

穆腾阿片。再，江宁府理事同知有审理旗民交涉案件之责，非明于听断、熟习旗务情形者，弗克称职。查现任理事同知廷俊年三十八岁，由附生报捐笔帖式，签分刑部，选授都察院，调补仓场各衙门笔帖式，于同治七年奉旨补授江宁府理事同知，八年七月到任，刻届三年，例应以员外郎推选。奴才去岁十月抵任，即闻该员办事持平，旗民悦服，当经节委会办宁防善后事宜。数月以来，实心任事，措置裕如，殊未便遽易生手。检查旧案，前将军魁玉曾因同知隆山俸满三年，例应推选，于同治七年六月附片奏请停选，留任三年，当蒙俞允在案。核与廷俊事同一律，合无仰恳天恩俯准，饬部将江宁府理事同知廷俊暂免推选，仍留本任三年，以资熟手，于地方善后两有裨益。是否有当，谨会同署两江总督臣何璟合词附片具奏，伏乞圣鉴训示。谨奏。军机大臣奉旨："吏部议奏。"钦此。

（1872年7月8日，第3—4版）

五月十三日《京报》全录

（前略）

穆腾阿片。再，江宁府理事同知有审理旗民交涉案件之责，非明于听断、熟习旗务情形者弗克称职。查现任理事同知廷俊年三十八岁，由附生报捐笔帖式，签分刑部，选授都察院，调补仓场各衙门笔帖式，于同治七年奉旨补授江宁府理事同知，八年七月到任，扣届三年，例应以员外郎推选。奴才去岁十月抵任，即闻该员办事持平，旗民悦服，当经饬委会办宁防善后事宜。数月以来，实心任事，措置裕如，殊未便遽易生手。检查旧案，前将军魁玉曾因同知隆山俸满三年，例应推选，于同治七年六月附片奏请停选，留任三年，当蒙俞允在案。核与廷俊事同一律，合无仰恳天恩，俯准饬部将江宁府理事同知廷俊暂免推选，仍留本任三年，以资熟手，于地方善后两有裨益。是否有当，谨会同署两江总督臣何璟合词附片具奏，伏乞圣鉴训示。谨奏。军机大臣奉旨："吏部议奏。"钦此。

（下略）

（1872年7月8日，第4版）

金陵地震

前日友人谈称金陵地震，疑为谰语，不之信也。今有友人自金陵来者，余急询之，乃知实于六月十九日黄昏时分地震，一饭顷许，屋宇几倾，船中攲侧茗碗间有碎者。闻自镇江至芜湖，上下数百里间同时地震，而苏松殊不

觉也。说者谓地气不和则震动，盖无关休咎[①]云

（1872年8月13日，第3版）

失 票

启者：今失去苏州泰昶钱庄七月二十二日期第二十八号补水纹五百两票一纸，又二十九号票补水纹五百两票一纸，均七月初六日姚凤仪代大昌号指汇，由苏泰昶照究［兑］；又，失去金大有木行金星斋见票于七月十五日期，照例迟五日兑苏二七宝纹一千两第三十号票一纸，系永大昌代人丰指苏西汇金大有木行照兑；又，失去同兴昌木行苏粹如见票七月十五日期照例迟五天兑苏二七宝纹五百两第三十二号票一纸，系永大昌代人丰指同兴昌木行照兑。以上共计四票，已经向江宁、苏州存案，并知照出票之家作为废纸。深防上海误收，庶可知此四票已经存案注销，不能作准。特此告白，

七月二十一日

南京和记天丰亿 谨启

（1872年8月24日，第5版）

渡船勒索

旗昌洋行长江轮船到埠，停轮搭客甚便，惟有过渡一事，为行旅之害。有徐某者，同伴数人，由上海搭“飞似海马”前往金陵，于三月初一日午正抵下关。停轮即有洋棚大划子划来，盖洋行预设以渡客者。某等即下其船，少顷即抵江岸，不料该渡船主人勒索渡钱须一千八百文之多，声言系有派定，向例如此，若有缺少，即将行李押住。无奈如数给与。惟是该渡船甚小，荡桨不及一里，而索钱如此之多，若行一日，不知需钱几何。又闻金陵搭轮船之客，亦

① 休咎：吉凶。

先索渡钱如前数，若有缺少，不许上船，且不许别船载渡。此事果系洋行中知情故纵耶，或渡船上逞私勒揹耶？俱未可知也。然欲事归至当，似宜张挂告白于轮船，言明过渡钱之或有或无，可免过渡之后，客人未备此钱，以致争竞多端。或听客自呼小船，不过去二百余文，已可径至旱西门也。务祈该洋行主人明晰示知。如暗中分利，则行客因此躲避者多，得不偿失，其愚甚矣。如失于觉察，今后自宜速即查明，革此弊端，实于生意行旅两有裨益也。

（1872 年 9 月 18 日，第 2 版）

旗昌洋行告白

启者，本行来往长江轮船，向于各路遇码头设立洋棚，并有划船驳载，其船钱本行包付，原以便行旅也。乃近南京下关之划船，往往勒索船钱，客商之被欺者莫不敢怒而不敢言。不知此划船，实本行自置，每月发给工食，并不许其格外取钱。今特奉告四方贵客附搭本行轮船者，嗣后倘在南京及各路遇码头上下，该划船不许擅取分文。倘有勒揹情事，贵客告知本行轮船买办，自当严究。并于各轮船上另悬告贴一张，俾一目了然，庶不致为其所欺，幸甚！特此布闻。

同治十一年八月廿三日

旗昌洋行谨启

（1872 年 9 月 25 日，第 6 版）

猪仔解往金陵

风闻署两江制宪何[①]顷行文上海道宪，令将“马利亚古士”船之佣人提

① 即何璟，1816—1888 年，字伯玉，号小宋、筱宋，广东香山人。进士出身。历任安徽按察使、湖北布政使，福建、山西、江苏等省巡抚，1872 年署两江总督。

出数名，解送江宁，将自行审讯，于此可见制宪爱民之心，而拐贩猪仔之害从此当可永除矣。

（1872年10月26日，第3版）

陈司马今日前赴江宁见制宪

粤东佣人彼［被］拐出洋一案，陈司马奉督宪何制军札委，前赴东洋审办，今既带回上海，必须亲赴江宁，禀见制军，面陈一切情形、一切安顿方法，兹于今日起程前往矣。

（1872年10月29日，第3版）

猪仔带赴江宁信不实

会审分府陈司马前往日本，彼处优待一切，悉如使臣之仪迎接，荣隆可谓至极。迨带得难民回沪，沈观察派员弹压迎接，叶邑尊亦亲诣轮船问候。闽广董事莫不到场，恭贺竣功，大为热闹。昨礼拜日，沈观察特设筵宴于也是园①，为陈司马洗尘贺功。上台之于属吏看重十分，殊为陈公庆幸。差竣后，奉饬仍回会审公廨本任，应即接手。因尚须躬赴江宁，便道晋省谒见督抚宪销差，面禀公事，是以张司马尚不能交卸，沈观察允准半月之假，昨日已起程矣。其带猪仔赴宁之说，并未提及，前一日报列，风闻制军亲讯一节恐不实耳。

（1872年10月30日，第2版）

① 也是园：位于上海城南今凝和路、乔家路一带，又称“南园”。

本馆告白

启者：本馆已派友人在南京代卖《申报》，祈望金陵各官绅士商能如他处之垂惠，多赐买阅，倘有奇文瑶采欲登报内者，请仍托敝友代为寄送。《瀛寰琐纪》亦由伊代售也。计《申报》每张则大钱十二文，若三七钱十六文。诸君子幸勿吝☐［指］教，则本馆获益良深矣。

（1872年12月3日，第1版）

记金陵下关遇盗事

方山阁主

夫天下之至苦者，莫如旅游；天下之至险者，亦莫如行路。向只谓风波之可虞、崎岖之可畏耳，乃今则知其无时不苦、无地不险也。岂我生命途之多舛耶？何其所遭之险哉？余以公事赴江宁，竣后于初四日束装赴下关，将趁搭轮船回申。下关有茅棚一座，盖旗昌洋行所设，以备搭客之憩息，与夫☐行李之安顿。轮船未到，则宿歇此间，以为等待之所云。其地则甚僻静，旷野平沙，气象已极凄惨，相离数十步，则有开花炮营盘一座焉。余时至此，日已夕矣，而轮船闻须明早方到，不得已入草棚中宿焉。时则草棚中之客不下三四十人，各拥铺盖、箱笼，围坐其中。其棚内用苇材隔开，分作数间，铺地无板，皆用芦帘子。予亦倦伏焉，至夜半时，忽闻有撞门声，大呼火起声。予闻之，不觉惊绝。盖其草棚四面土墙，只有前面一门进出，倘前面失火，何能逃逸乎？急披衣起坐，静听须臾，忽闻斧劈声、刀斫声及众客呼叫声纷纷不已，盖有盗已入室矣。明火持械，搜衣斫箱，登时如沸。予最在［在最］里间，穴芦根之隙而窥之，见有着衣睡者则已起立，有不着衣睡者则方在披衣套袖，而刀已及肩矣。与之软言者，尚无大伤；与之硬争者，无不血流臂损。有老翁数人，则阅历既深者，语之曰：“尔莫忙，银子请取；尔莫忙，箱子请开。予有钥匙在，无劳尔劈也。”盗十余人口称：

"老子所要者银洋耳，他物举不要也。"予见势将进入里间，寻思无计，忽见墙上有方洞，盖日间以透光者，有友探身入之，自坠于地，见开花炮营不远，即往营门喊救，哀号至久，内方允为派兵前往。及兵往，则盗已四散无踪矣。

呜呼，此番之被劫去者，约有二千余金，箱笼物件则狼藉满地，众客相见，各庆更生，亦苦矣哉，亦险矣哉！查洋棚之设也，有司搬运者，有司茶水者，计有九人。乃盗警时，众不见此九人者之影踪，亦独何耶？且上游至九江、安庆、汉口，下游至镇江、上海间，日必有客一班，每班不下三四十人，每人则征钱二百文；其有搬运行李者，每人亦征钱二百文，计间日可得钱十余千文，然则设洋棚者何不派一人以为司更守夜之举？则其费亦可出于中，而不致缺短矣，何至以一无准备为绿林所垂涎？况芦棚最易引火，客既多，则茶水、烟盘尤易引火，即不为盗劫计，独不为火作计乎？然则下关洋棚之设防，愈不可以缓矣。将来风雪严寒，盗贼尤易于窃发，而上下游之搭客则依然视为坦途，是岂可以再误行旅哉？予故不可以不记。

按洋棚之设，出息既佳，在搭客名下既征二百文，何得视为膜外，不加保护乎？众客各有行囊，各怕盗贼，若听其自然，毫无准备，吾恐诸客商皆将视为畏途，而不敢赴下关搭坐，则于轮船之生意，且不免有碍，而谓洋棚能久立乎？是又不可不熟筹者尔。又，凡客中夜卧，总以和衣为妙，于此凡视脱衣者之不及穿衣，致于受伤者不少，是不可不引以为戒也。然予犹有疑者，则此九人者之踪迹也，未盗既称只要银洋，不要他物，乃盗去后□量地上，狼藉各件，独少去宁缎多匹，则尤不可解者也。其缎客财资既空，货物亦去，实可惨也。故吾谓芦草防火之言并非过虑，设或不慎，何以为众客计乎？奉劝设洋棚者早为之策，尚无贻众人之戚也。予既登轮舟后，痛定思痛，不觉言之缕缕如此。

（1872 年 12 月 7 日，第 2 版）

论方山阁主金陵下关遇盗事

昨阅方山阁主述金陵下关遇盗一事，窃思下关为江省都鄙最近之区，何至悍盗横行、不畏王法若此之甚！本馆度此情形，实为寒心。伏念此事之可疑者非止一端，今姑就三数友人由金陵来者所称实在情节，罗列而指陈之。

夫下关客寓茅棚既距开花炮营相去不过数步，棚内可听营中更鼓，宜如何加意防闲。乃盗之窃发也，其初次来撞门时，问讯之则冒充营弁巡查，既又明火持械，斫伤多人，彼司茅棚者固失在无打更之人，而炮营中夜何得无巡察守夜者耶？该弁等待棚客呼救，始误不肯遽出，从求救者至营及营勇发动已逾一刻之久；继误追之不疾，至盗去无踪，从勇丁到棚，至出外分追盗去，又逾一刻之久，缉盗之责岂容一误再误乎？此其情形之可疑者一也。

且数十步之远，一号一叫，营中当纤屑相闻；或火或盗，事无巨细，旋发旋知，若他处远来之盗，恐未必敢如此冒险，乃必待棚客到营求救，该营弁尚迟迟以应，好整与暇，何若斯之莫不关心耳！及勇既出营，又复缓步而前，且高竖一大灯笼，如有标识者然，是非追盗，直纵盗远飏耳。至如此，而始搜及棚侧，何怪盗之不见而无踪迹乎？此其情形之可疑者二也。

盗来既有一点钟之久，赃物又有二千两之多，当盗入棚内、客叫营外之时，即大队未能遽出，或先使三五军健，先探棚外，则其去固不至无踪，使能尽力追之，亦不至有无一盗被擒之驰纵。乃该勇动身出追，逾两刻而回，并未获得一盗。倘该勇等能早为防及，或知其逃径，由小路绕道而前，兜住去处，我知盗必全数而就擒矣。此其情形之可疑者三也。总之，揆度各情，正有令人不能不疑者。现在我皇上宵旰勤□，动以长江水师兵勇为虑，甫经简命彭宫保尽心整饬，凡各将佐虽属偏裨，亦膺朝命，何竟置弭盗安良于膜外，岂得以不干己事而罔闻之欤？我恐宫保闻之，必当从严参办，以仰副圣主委任之重也。况此事该地方官果能实心查究，必当水落石出。现在各省已裁之营勇，其安插未妥，狡焉思逞之徒大都散而为盗，至有哥弟会等名目。从前亲友不无相认，有军旅之责者慎选营勇，正为当务之急，故此事我不能专责旗昌之不置更夫也。盖棚既近营，被盗之虞当为出于意料之外，若以此案而论，则营防更险于他处，凡出路者尤宜加意于营卡之地矣。虽然，衙署劫案亦尝有之，我又何必于开花炮营之是责哉？

（1872 年 12 月 9 日，第 1 版）

再论金陵下关盗劫事

飞霞阁主

冬月初四夜洋棚被盗之事，其地距开花营一箭之远，所谓一牛鸣地也。营中数百人留防，有巡逻者，有放哨者，贼入门仅七人，虽胆大如斗，何敢在营门口杀人放火？且贼被居民数人手执扁担，随即赶散，其非大队可知；弃绸缎而索金银，其非水路来去可知；所逃之路数里长堤，芦柴俱已芟尽，无躲闪之处，倘派营兵追赶，不难尽数弋获。乃营官刘某因多人哀号求救，先悬望台上灯笼良久，始率领二十余人于贼去后缓步至洋棚慰藉。安庆李观察数语赶即归营熟睡，任其逸去。又有一贼斫箱时，口称："你若要问老子，老子在开花营"云云。其中情节显有可疑。

昨来沪细访，始悉刘某原名刘芝江，向为苏河轮船头目，名为"光棍"，其实盗也。发逆踞南京时，乘乱行劫，经薛中丞□名缉捕。至同治元年，今直督李相任苏抚时锁拿到营，发营务处张玉春杖臀数百，解回合肥原籍，交地方官羁押。有郑小老大者，在李相前力保刘某行劫多年，河路熟悉，正可用为向导，因此留营，夤缘管戴开花炮营在下关有年矣。近日营规全不整顿，又与其胞弟老六刘士威者，以放债为事，剥削兵勇，预借洋蚨一元，扣钱一两，发饷又以烟膏一两扣银一两，甚至干鱼亦可充饷。今岁夏间，又革去哨官陈金福、刘清泰，换其义子小杷戏刘怀仁，年方二十岁当同治元年已保花翎守备，维时尚未十岁也，可笑已极。查开花炮营官、哨官均应熟悉机器，今革老哨官而用此乳臭小儿，营中兵丁并无一半实数，开花炮复有何用？每年数万金饷项，亦可惜矣。闻李相知其狼子野心，早厌恶之，但未发耳。今年春正赴津叩岁，并未传见，扫兴而回，而此地以客营相待，不敢谁何，恐得罪于李相故也。岂知知李相既为当朝首相，包涵万象，天下之民皆其赤子，天下之官皆其属吏，有何袒护？然则□□李相者□□□□和□者也，江介小吏赋闲已久，感慨系之，发此狂言，不知其有当于大人先生万一否？然直笔则不愧董狐矣。

（1872年12月28日，第1版）

十一月初五日《京报》全录

（前略）

署两江总督、江苏巡抚臣何璟跪奏，为微臣闻讣丁忧，例应回籍守制，请旨迅赐简员来江接替，恭折仰祈圣鉴事。窃臣亲父前任四川候补直隶州知州何曰愈，现年八十一岁，臣前在安徽、湖北任内，迎养在署。嗣于同治七年，臣父思念家乡，回至广东本籍，臣弟何珂在家侍奉。上年冬间，臣由山西巡抚仰蒙恩命，调任江苏巡抚，旋又奉旨署理两江总督，兼署通商大臣，屡次专人迎养，臣父不愿远涉，时接手书，眠食甚健，每勖臣公正廉勤，尽心办事，勿以为念。讵于十月十六日，接臣弟家信，知臣父忽于九月十一日染患痢疾，医治无效，于二十八日在籍身故。臣系属亲子，例应丁忧。查定例，督抚丁忧，不得遽行送印，其任内文卷，择司道一人代行，恭候谕旨，方行离任。臣谨将应办事件暂委江宁布政使梅启照代拆 代行，所有两江总督一缺暨通商大臣篆务，相应请旨迅赐简员接任，俾臣得星驰回籍守制。无任迫切屏营[①]之至。谨恭折由驿驰陈，伏乞皇太后、皇上圣鉴训示。谨奏。奉旨："已录。"

（1873 年 1 月 1 日，第 5 版）

十一月初八日《京报》全录

（前略）

臣宗室廷煦、臣毕道远跪奏，为江苏河运采买米石，全数验收完竣，谨将督粮道员据实保奏，恭折仰祈圣鉴事。窃河运为转漕之定制，自咸丰初年改行海运，而河运遂停，直至同治四年江北始经试行，其江南各属漕米二十年来久未议行河运。上年十二月二十七日，原任两江督臣曾国藩奏请将江苏

---

① 屏营：惶恐之貌。

镇江一属漕米分办河运，责成苏松粮道英朴于赴沪验兑海运米石后，即行驰赴清江，催儹河运米船，放闸北上至天津，海运事竣，仍赴通坝交兑河运米石等因，奉旨允准遵行。本年九月十三日，据苏松粮道英朴将河运江苏采买漕米二万石全数挽抵通坝，臣等亲临查验，逐细过斛，米石成色一律干圆洁净，并无颗粒短欠，业经全数运仓。伏查江南河运程途，远于江北数百里，且有长江之险，受兑之始，雇备民船，督运渡江，催儹北上，事属创始，经理匪易。至清江过闸以后，长途转运之艰，江南与江北亦属无异。而本年江北河运漕船抵津即卸，江南则照例挽抵通坝，程途又远于江北数百里，是办理之难，江南又有甚于江北者。本年江北督运道员王大经迭经山东巡抚、直隶总督奏请奖励，均经奉旨允准，今苏松粮道英朴自应一律，奏恳恩施，以昭激劝，而资观感。复查该粮道英朴在江、浙两省粮道任内，前后办理海六次，悉臻妥洽，历经奏保有案。同治九年经升任浙江抚臣李瀚章奏保该粮道英朴“才识兼备，精明练达”。奉旨：“送部引见，候旨擢用。”钦此。同治十年及本年海运事竣，曾经直隶督臣李鸿章两次拟奖，将二品顶戴江苏粮道英朴，奏请赏给一品封典，均经吏部议驳。查粮道英朴非独历届著有劳绩，自此次出力，亦复迥异寻常，应如何奖励之处，悉出皇太后、皇上天恩。所有臣等奏保苏松粮道英朴缘由，理合恭折具奏，伏乞皇太后、皇上圣鉴。谨奏。奉旨：“已录。”

（1873 年 1 月 4 日，第 4—5 版）

李芸小纪

白门妓薮也，板桥旧艳，芜草皆香。有较书李芸者，年齿稍长，风韵超其侪偶[①]，僦屋莫愁湖畔，遍竹为篱，泊然雅素，抚琴洗研，晏如也，初未知名。吴门秦子钟吾过江访艳，赠之以诗书，于冷金笺，芸粘于围屏，以碧纱笼之，于是名倾白下。惟性极高，傲若不当意，虽贵客大贾不纳也。当时

① 侪偶：同行之人。

江左章台竞尚华靡，芸虽负盛名，独莳花种竹，非文酒之宴不预，有妹曰绿媛，姿容慧丽，较芸尤艳，善为酒纠并善诙谐，词意之间翩翩有致，兼工箫笛，发声清越，足以怡情，士林称为双绝。芸后归黄吏部公子，宠之专房，喜画兰，扫枝圈花，顷刻数幅，老干纷披，间作媚态。绿媛年二十，误适匪人，河东狮子，日吼数声，未一年抑郁而死，广陵散亦遂绝矣。岂顿老[①]琵琶、小文琴韵，只应天上有乎？录之以补余澹翁《板桥杂记》之缺云。

（1873 年 1 月 10 日，第 3 版）

俄王子至金陵

二月廿三日，俄王子驾到南京，所有雨花台故址及诸名胜所在，均往游赏。军器局亦往游焉。王子游旌初到时，中国地方官拟备礼相迎，而王子雅不欲多扰，故辞免。然王子于繁华市肆，亦亲往沽物，无妄自尊大意。王子所至，仰丰采者如堵，然亦循循有礼，无稍哗诽者云。

以上二条[②]选录香港三月十二日《中外新闻》

（1873 年 4 月 25 日，第 4 版）

金陵近事

谚云："天有不测风云，人有旦夕祸福。"人生天地间，其吉凶祸福，固未可自为逆料也。昨接友人在金陵来信云，于前月廿三夜间，金陵水西门外南街顿遭回禄[③]，附近皆系草屋，一时不及扑灭，竟至燎原，毁去至百数十间之多。内一家三代人丁均被焚死，一无逸出。噫，亦惨矣哉！因忆数年

① 顿老：明代金陵琵琶手。

② 前一条消息名为《荒诞获谴》。

③ 回禄：指发生火灾。

前有予家女仆之戚串[1]徐姓者，以手艺起家，饶有积蓄。一日其媳偶至河边浣衣，失足落河，其姑闻媳呼救，急往援手，亦被牵落河。后其夫及女仆之子来援，亦如前失足，瞬息之间，惨遭奇祸，惟剩一父，白头老翁，茕茕孑立焉。夫此二家者，事隔数年，而一毙于火，一毙于水，而均变起须臾，至于灭门，因记前事而并志之。

（1873年5月3日，第1版）

记金陵秦淮严禁乐籍事

金陵声伎游宴之风，在承平时为极盛，盖南朝金粉，其所由来者渐矣。其间月地花天，舞衫歌扇，流风余韵，犹可想见。于《板桥杂记》诸书，盖所以极士女优游之乐，而写朝廷清晏之风，正所谓太平景象也。故不必以整顿习俗为名，致受煮鹤焚琴之诮云。秦淮自遭寇乱，瓦砾堆阶，荆榛塞道，清溪遗迹，徒剩磷照狐鸣。近年来稍复旧规，渐有游船来往，吴中名妓亦有至者。两岸笙歌一堤，烟月承平故态，父老犹有见之流涕者。近闻当道严禁，驱逐一空，流娼土妓均无可为藏匿之地，花残片碎之叹在所不免，惜无十万金铃可作护花使者。且秦淮一带其以绿蓬船为活者不知凡几，一经严禁，则此辈无以为生，有啼饥号寒而已，此则尤为可悯者也。野人不知政体，姑妄论之如此。

（1873年7月1日，第2版）

饯别瘦吟生赴金陵倡和诗

聚星吟社

癸酉长夏，瘦吟生将赴金陵，鹭洲诗渔招同饯送夜集寓斋偶成两叠韵录

① 戚串：亲戚。

呈郢政。

菰蒲摇绿满汀洲，送客情深水不流。
剪烛分襟成小别，扬帆破浪壮国游。
秣陵花月无双曲，铁瓮江山第□州。
重见升平新气象，好教歌舞散闲愁。
（闻秦淮新禁乐籍，故云）
豪兴争推黄鹭洲，乌衣子弟更风流。
一樽且尽良宵酒，六代重寻旧日游。
自古才人归白下，于今名士聚江州。
桂花香里君应待，共泛烟波访莫愁。
——龙湫旧隐稿

渔郎重到武陵洲，岁月回头去似流。
庾信波澜饶胜概，孔融杯斝话前游。
十年浪迹春申浦，盖代才名罗鄂州。
同抱天涯沦落感，对公不敢说牢愁。
今夜文星耀海洲，黄公垆畔集名流。
人来北郭开吟社，地异南皮续盛游。
岂有浮名惊日下，且拚斗酒换凉州。
吾宗髯也迟相见，（谓味灯室主）缥渺烟波欲寄愁。
——瘦吟生次韵

宛似群仙赴十洲，筵开精舍集名流。
他乡得遇同心侣，卜夜还当秉烛游。
入坐人尊黄佛子，联吟客尽韦苏州。
缘悭不得闻觞政，独酌茅庐目遣愁。
（余以事阻未赴）
——鹤槎山农次韵

晴色渡光映绿洲，一时小集尽名流。
花探上苑期同志，苔聚遥岑慰倦游。
诗思苍茫萦沪渎，酒痕零乱话杭州。
明朝各得乘风便，消却平生几许愁。
——鹭洲诗渔次韵

满目晴光月　州，朋簪千里聚名流。
江山气色开新霁，诗酒因缘纪胜游。
敢分霓裳陪阆苑，且联裙屐继黄州。
千秋韵事思量几，莫向尊前话客愁。
天纵才人萃海洲，竹林名望本风流。
瓣香喜下南丰拜，樽酒欣从逸少游。
百炼文章传抱朴，五言丰格梦苏州。
白门千里人难缩，听唱阳关我欲愁。
——太瘦生次韵

文旌此去即瀛洲，莫叹光阴过眼流。
歇浦五年重聚首，秦淮八月再同游。
如君才□推苏海，使我狂歌忆柳州。
难得黄公垆畔过，一樽消尽几人愁。
天假良缘萃海洲，一时宾主尽名流。
(成句)
裁诗我独陈无巳，入座人皆秦少游。
岂有雄心忘魏阙，况逢狂客唱梁州。
(座中有顾曲者)
锦标先让诸公夺，不到秋风方洗愁。
——咏雩子次韵

小聚萍踪海上洲，座中裙屐尽风流。

放怀诗酒联同调，过眼云□感旧游。
白饭青刍惭杜老，铜琶铁板唱梁州。
一樽肯待如泥醉，消尽年来万斛愁。
元龙豪气压沧洲，肯作人间第一流。
鲈渚莼乡容我寄，吴山越水壮君游。
半生知己惟廉范，绝世文章重柳州。
莫为模糊风鹤语，登楼频重故园愁。
（时讹传徽郡戒严）
——海棠巢小隐次韵

此间拟署聚星洲，座客欣逢第一流。
越水吴山增阅历，九峰三泖久羁游。
诗迟罚不依金谷，（是夜即席联句）调古惊闻唱石州。
海上爪痕同证取，且倾专酒一消愁。
——苍筤联主次韵

（1873 年 7 月 18 日，第 2—3 版）

记《白门新柳记》劈板事

清凉山樵子

《白门新柳记》一书述秦淮之近事，续旧院之丛谈，盖画舫录、板桥记之类耳，本不关夫政要，而时议因禁乐籍、逐绿蓬船诸事，遂以是书之出为罪首祸魁焉。爰劈其版，且于扃试书院诸生时发二题，以致讥评，于是大相反唇。文字之衅可不畏哉？白门士人撰有楹帖一联，以记其事，词虽不工，亦可见士林之清议云，因录之如左：喜雨亭记，劝农夫辞，官场与词场互肆，讥评果谁是；绛账生徒，白门杨柳，风流本风雅，偶然游戏亦何妨？

（1873 年 7 月 23 日，第 3 版）

秦淮复禁游船夜泛

金陵之秦淮河中驱逐歌妓，禁止游船，此当局者正人心、厚风俗、崇节俭、绝淫糜，固为政之根本也。而士民苦之，商旅更苦之，则以金陵自六朝以降，耳目之渐染既深，心志之放佚实甚，一旦令其弃黜聪明，杜绝游观，萧然自比于穷乡僻壤，势必不能。况绿蓬船户数百家，均无所得，食坐以待毙，行仁政者或不忍出此。有人为大府言之，遂弛游船之禁，本月六七等日复于船中燃灯张宴，舟楫填塞，酒炙纷罗，挈妓者类托言携眷，一时衣香人影，几复旧观。大府闻之恚甚，曰“吾为狗奴所卖矣!”遂复行禁止夜游云。呜呼，大府之整饬纪纲令严挟妓，宜也。而放诞者顾大不便之，大府之体贴情事，许复夜游，惠也。而遨游者顾显欲犯之，卒至势成骑虎，无可转圜。而绿蓬船户数百家终无谋以［以谋］生也，岂不惜哉？昨有友自金陵来，为予述近日事，因随笔记之。至有斥大府为沽名，为愎谏者，则吾不敢知。

（1873 年 8 月 5 日，第 2 版）

六月二十六日《京报》全录

（前略）

两江总督臣李宗义跪奏，为已故藩司等忠荩卓著，据情具奏，吁恳天恩补行予谥，以顺舆情，而彰忠节，恭折仰祈圣鉴事。窃据江宁省城在籍绅士、前任内阁中书端木采，盐运使衔、前任云南迤南道方俊等联名呈称，前任江宁布政使祁宿藻，当咸丰三年发逆由广西下窜，岳州告陷后，即与同城官吏绅民筹备防御，事无巨细，身必先之，登陴露宿，自矢与城存亡。及逆匪围城，目睹贼众兵单，事不可为，郁为呕逆之症。然犹力疾视事，昼夜巡城，抚谕兵勇，静待援师，搘拄[①]五十余日，心力交瘁，厥功未竟，呕血捐

① 搘拄：搘，zhī。支撑，支持。

躯，论当时死事情形，实与阵亡无异。又前任上元县知县刘同缨历宰剧县，卓著循声，旋经补授上元县知县。适值防务吃紧，办理城守事宜，忠勇明达，即祁宿藻亦称同城文武可属大事者惟刘同缨一人。城陷之后，带勇巷战，杀贼甚多。嗣因兵尽力竭，大书“无伤我民，愿以家代”八字张贴通衢，遂易朝服北拜，投水而死，成仁取义，大节凛然。均蒙圣恩赐恤，赠官予荫，并于省城分别建立专祠附祀各在案。惟报飨之典已隆，而讴思之心未罄，拟恳奏请天恩，一并补行赐谥，以彰忠节。等因，前来。窃维军兴以来，死事之臣，情形惨烈者经内外臣工奏请予谥，均蒙特旨允准，仰见国家褒忠之典至优极渥，凡在臣僚，同深钦感。伏查祁宿藻由翰林出身，荐擢至江宁布政使，猝遭危难，誓死登陴，不愧古人尽瘁之心，足副圣世易名之典；刘同缨由援贡补授上元县知县，平日官声卓然循吏，洎乎临难不苟，赴义从容，以循良而兼忠义，允为□［一］代之完人，宜邀九重之旷典。该绅士等思念遗泽，合词吁恳，实属出于至诚。合无仰恳天恩，准将前任江宁布政使祁宿藻、前任上元县知县刘同缨一并予谥，以顺舆情，而彰忠节，出自逾格鸿施，谨恭折具陈，伏乞皇上圣鉴训示。谨奏。奉朱批：“另有旨。”钦此。

（1873年8月9日，第4版）

金陵派委帘差十四员

溧水县丁维，山阳县孙云，仪真张清元，正任桃源县孙孟麟，正任宝应县袁恩诏，正任东台县欧阳锴，即用县赵从佐，试用县楼福鼎，大桃县廖佐卿、潘祖芬，候补县李作霖、朱泰修，候补县申天麒、陆嗣龄。

（1873年8月23日，第2版）

秦淮杂咏八首应试白门时作也录请诸吟坛教政［正］

梦禅外史稿

秦淮烟水自空濛，画舫摇摇荡晚风。
两岸绿杨低护处，粉香花气出帘栊。

河亭水榭各参差，红袖凭栏斗丽时。
不识娉婷诸姊妹，阿谁会唱柳卿词。
客窗夜夜听秋潮，闲话兴亡到六朝。
最是耐人徙倚处，一声明月一枝箫。

白门新柳尚无多，嫩碧丝丝蘸绿波。
闲步欲随鹨鹕去，看人帘底画双蛾。

我本扬州杜牧之，评花到处费题诗。
谁知多少沧桑感，却在灯红酒绿时。

顿老琵琶孰擅场，风流消歇倍心伤。
试从长板桥头过，谁是当年李十娘。
曼翁杂记太情痴，一百年来更继之。
（近日有《白门新柳》一书，仿板桥杂记作也，全椒薛慰农观察题词，叹息人间未传遍，飞灰一任晚风吹。闻书板已毁。）
钟山一角逗斜阳，照水能生潋滟光。
桃叶桃根渺何处，渡头烟雨晚苍苍。

（1873 年 11 月 29 日，第 2 版）

金陵怀古八首

不愁明月尽馆主人小游仙未定草

雄城百雉占江滨，付与诗篇替写真。
逐鹿勋名蕉覆梦，蟠龙形势蛰逢春。
纵夸天堑全归汉，剩有清淮尚属秦。
苦把黄金压王气，项刘不是秣陵人。

独有孙郎最少年，石头城外阵云连。
破曹自觉军声壮，叛汉难期国祚绵。
江底铁镕长已矣，殿中座设本徒然。
间从燕雀湖边过，愁见荒坟锁暮烟。
（吴大帝墓在燕雀湖外三里）
牺牛石马有谁知，江表琅琊独冠时。
名士新亭倾老泪，小儿肥水出奇师。
清谈未必非心法，充隐何当入口碑。
诏草欣然书赤纸，零陵幽置悔应迟。

得此居然田舍翁，元嘉俭德挽颓风。
南朝才子惊山贼，北郭名臣羡笔公。
玉烛殿前蝇拂在，乌衣巷口燕巢空。
当年何必倾司马？拱手萧家转瞬中。

解玺无人劝进咸，龙文鳞颡相非凡。
主衣玉导当堦碎，芳乐金莲遍地嵌。
羞面见人寒士诮，移床远客尚书严。
秃鹙啼罢东昏笑，廿四年华跗萼衔。

自成自败意何如，竟破金瓯恨未除。
宇宙将军移帝祚，中山宰相爱吾庐。
福邀古佛难求蜜，痛抱先灵只食疏。
戎服听经成底事，翻令迁怒到图书。

玉树新声谱未钞，望仙旧址翳蓬茅。
湖开淤草空私忏，井满胭脂任献嘲。
天子酣歌犹纵酒，敌军飞渡已临郊。
六朝金粉归乌有，只剩疏钟柳外敲。

胜国当年此发祥，故宫禾黍太苍凉。
鸽王云笈文孙遁，燕子春灯孱主忙。
地利何须恃襟带，天威令已埽搀枪。
兴亡千载如烟过，多事骚人吊夕阳。

（1873年12月11日，第3版）

稿　约

《太平天国及晚清社会研究》系民政部批准成立的全国性学术社团—中国太平天国史研究会主办的学术集刊。主要刊载关于太平天国及晚清时期（1840—1911）相关史实与理论的研究文章，以客观、理性的研究理念拓展太平天国及晚清史研究的广度与深度。

本刊每年固定出版 2 期，不收取版面费或者其他任何费用。欢迎视角新颖、见解独到的学术稿件，体例格式参照《历史研究》引注规范，并附作者基本信息，字数以 5 000—15 000 为宜。特殊稿件篇幅可适当增加。

本刊严格实行匿名审稿及编辑部三审制度。稿件一经采用，编辑将通过电话或邮件与作者确认发表事宜。自投稿之日三个月内未接到通知者请自行处理。请勿一稿多投。根据著作权法规定，凡向本刊投稿者皆被认定遵守上述约定。

投稿邮箱及电话：tsyjtg@ 126. com，13675111347，魏老师（微信同号）。

中国太平天国史研究会

《太平天国及晚清社会研究》编辑部

图书在版编目(CIP)数据

太平天国及晚清社会研究. 总第11辑 / 朱庆葆主编. 上海 : 上海社会科学院出版社, 2025. -- ISBN 978-7-5520-4828-5

Ⅰ. K254.07

中国国家版本馆CIP数据核字第20257UU587号

太平天国及晚清社会研究　总第11辑

主　　编：朱庆葆
责任编辑：章斯睿
封面设计：裘幼华
出版发行：上海社会科学院出版社
　　　　　上海顺昌路622号　邮编200025
　　　　　电话总机021-63315947　销售热线021-53063735
　　　　　https://cbs.sass.org.cn　E-mail:sassp@sassp.cn
排　　版：南京展望文化发展有限公司
印　　刷：苏州市古得堡数码印刷有限公司
开　　本：710毫米×1000毫米　1/16
印　　张：12.75
字　　数：200千
版　　次：2025年8月第1版　　2025年8月第1次印刷

ISBN 978-7-5520-4828-5/K·496　　定价：118.00元